中等职业教育课程改革"十四五"规划教材
中职会计专业课程改革系列教材

新税收基础练习册

（第二版）

主　编〇陈万生　张娇娇

图书在版编目(CIP)数据

新税收基础练习册 / 陈万生，张娇娇主编. —2 版
. —上海：立信会计出版社，2024.4(2025.7 重印)
ISBN 978-7-5429-7619-2

Ⅰ.①新… Ⅱ.①陈… ②张… Ⅲ.①税收管理—中
国—职业教育—习题集 Ⅳ.①F812.423-44

中国国家版本馆 CIP 数据核字(2024)第 073029 号

策划编辑	王斯龙
责任编辑	王斯龙
美术编辑	吴博闻

新税收基础练习册(第二版)
XINSHUISHOU JICHU LIANXICE

出版发行	立信会计出版社		
地　　址	上海市中山西路 2230 号	邮政编码	200235
电　　话	(021)64411389	传　真	(021)64411325
网　　址	www.lixinph.com	电子邮箱	lixinaph2019@126.com
网上书店	http://lixin.jd.com		http://lxkjcbs.tmall.com
经　　销	各地新华书店		
印　　刷	浙江天地海印刷有限公司		
开　　本	787 毫米×1092 毫米　1/16		
印　　张	10.75		
字　　数	236 千字		
版　　次	2024 年 4 月第 2 版		
印　　次	2025 年 7 月第 3 次		
书　　号	ISBN 978-7-5429-7619-2/F		
定　　价	32.00 元		

如有印订差错，请与本社联系调换

第二版前言

税收基础课程是财经类专业的核心课程之一,与财经类专业其他课程相辅相成。在税制改革如火如荼的背景下,相关教材和习题的滞后,导致学生的学习难度大幅增加。为帮助学生掌握最新的税收理论知识、各税种的税款计算方法等,我们根据《新税收基础》(第二版)教材的内容调整,对这本练习册进行了改版。

本书为《新税收基础》(第二版)教材的配套用书,具有以下几个特点。

1. 知识点式配套习题,更具针对性

本书对《新税收基础》(第二版)教材每章节的重难点知识进行了整理列示,在每个知识点后均配有相应的习题。一方面,便于教师授课时使用;另一方面,可通过有针对性的练习,帮助学生更好地掌握重难点知识。

2. 以基础知识为主,突出重点

本书的章节编排对应《新税收基础》(第二版)教材的十二个章节,每章节的习题基本包括单项选择题、多项选择题、判断题以及业务题四个部分。针对基础税收理论、税款计算上的重、难点知识,本书设置了相应的习题,以帮助学生多维度、多层次地理解知识点。

3. 知识全面,与资格考试内容接轨

本书习题覆盖面广,涉及的知识全面,在编写过程中参考了初级会计职称的考试题库,从而为学生通过初级会计职称考试打下坚实基础。

4. 注重税收政策的时效性

本书习题与《新税收基础》(第二版)教材所涉及的税收政策规定均为最新版(时间截至2024年3月份),确保学生可以第一时间了解与掌握最新的税收政策。

本书由东莞市电子科技学校陈万生、张娇娇担任主编,夏昌平、王超菊、杨在明担任副主编,罗灵华、胡映晖、东莞市技师学院周昌水等参编,编写人员及其分工如下:王超菊编写第一章、第二章;杨在明编写第三章;陈万生编写第四章、第五章;张娇娇编写第六章、第七章;周昌水编写第八章、第九章;夏昌平编写第十章;胡映晖编写第十一章、第十二章;罗灵华编写综合测试卷。全书由陈万生审订、修改、定稿。

由于编写时间、水平有限,教材内容可能有疏漏之处,恳请同行专家和读者批评指正,以便我们进一步修订及完善,我们不胜感激!

编 者

2024年3月

目 录

第一部分 章节练习

第一章 税收概述 ··· 001

第二章 增值税 ··· 005

第三章 消费税 ··· 039

第四章 企业所得税 ··· 056

第五章 个人所得税 ··· 075

第六章 关税和船舶吨税 ··· 098

第七章 城市维护建设税及教育费附加 ······························· 104

第八章 资源税和环境保护税 ······································· 108

第九章 城镇土地使用税和耕地占用税 ······························· 114

第十章 房产税、契税和土地增值税 ································· 119

第十一章 车辆购置税、车船税和印花税 ····························· 137

第十二章 税收征收管理 ··· 144

第二部分 综合测试卷

综合测试卷（一） ·· 149

综合测试卷（二） ·· 156

参考答案二维码 ·· 163

第一部分　章节练习

第一章　税收概述

【知识点1】税收概念、特征与职能

一、单项选择题

1. 国家征税后,不需要直接付给纳税人任何代价或报酬,也不再直接返还给纳税人,这体现了税收的(　　)。
   A. 固定性　　　　B. 无偿性　　　　C. 强制性　　　　D. 自愿性
2. 在税收特征中,占据核心地位的是(　　)。
   A. 无偿性　　　　B. 有偿性　　　　C. 强制性　　　　D. 固定性
3. 以下不是税收的职能的是(　　)。
   A. 组织收入职能　B. 经济调控职能　C. 调节分配职能　D. 政治职能
4. 税收的"三性"特征是相互联系的统一体,其中(　　)是保证。
   A. 固定性　　　　B. 强制性　　　　C. 及时性　　　　D. 无偿性
5. 有关税收的概念,下列表述中,正确的是(　　)。
   A. 税收是民众自愿缴纳,政府取得财政收入的形式
   B. 税收是政府为了满足社会公共需要,强制、无偿地取得财政收入的一种形式
   C. 税收是政府为了维护国家政权需要,强制、无偿地取得财政收入的一种形式
   D. 税收是政府取得财政收入的唯一形式
6. 税收是国家凭借(　　)取得财政收入的一种形式。
   A. 产品经营权　　B. 人权　　　　　C. 政治权力　　　D. 财产权力
7. 作为参与社会产品分配的手段,税收能将一部分社会产品从社会成员手中转移到国家手中,形成国家的财政收入,这项职能是税收的(　　)。
   A. 调节分配职能　　　　　　　　　B. 政治职能
   C. 组织收入职能　　　　　　　　　D. 经济调控职能

二、多项选择题

1. 税收的基本特征包括(　　)。
   A. 固定性　　　　B. 强制性　　　　C. 机动性　　　　D. 无偿性

2. 税收的含义包括（   ）。
   A. 政府征税是为了实现职能而筹集资金
   B. 税收具有强制性、无偿性、固定性三个特征
   C. 在绝大多数国家，税收是财政收入的主要形式
   D. 征税凭借的是政府的政治权力

三、判断题

1. 税收分配以政治权力为主，财产权力为辅。（   ）
2. 税收的"三性"是税收区别于其他财政收入形式的标志。（   ）
3. 区别一种财政收入是税还是非税，不仅要看它的名称，还要看它是否具有无偿性。（   ）

【知识点2】 税收法律关系

一、单项选择题

1. 在税收法律关系中，享有权利和承担义务的当事人是（   ）。
   A. 税收法律关系的主体   B. 税收法律关系的客体
   C. 税收法律关系的内容   D. 税收法律关系的标的

2. 下列关于税收法律关系的表述中，正确的是（   ）。
   A. 税法是引起税收法律关系的前提条件，税法可以产生具体的税收法律关系
   B. 税收法律关系的保护对权利主体双方是不平等的
   C. 代表国家行使征税职责的国家各级税务机关是税收法律关系中的主体之一
   D. 税收法律关系总体上与其他法律关系一样，都是由权利主体、权利客体两方面构成

3. 下列各项中，属于税收法律关系客体的是（   ）。
   A. 纳税人   B. 税率   C. 课税对象   D. 纳税义务

二、多项选择题

税收法律关系的要素主要包括（   ）。
   A. 税收法律关系的主体   B. 税收法律关系的客体
   C. 税收法律关系的内容   D. 税收法律关系的本质

三、判断题

1. 税收法律关系的主体是指国家各级税务机关、海关和财政机关。（   ）
2. 税法的调整对象是税收分配关系。（   ）
3. 在税收法律关系中，征纳双方法律地位的平等体现为双方权利与义务的对等。（   ）

【知识点3】 税法要素

一、单项选择题

1. 税法的三个最基本的要素是（   ）。
   A. 纳税义务人、税率、纳税地点   B. 纳税义务人、税目、税率
   C. 纳税义务人、征税对象、税率   D. 征税对象、税率、纳税期限

2. 税法上规定的纳税人是指直接（   ）的单位和个人。
   A. 负有纳税义务　　　　　　　　　　　B. 最终负担税款
   C. 代收代缴税款　　　　　　　　　　　D. 承担纳税担保

3. 体现征税深度的税法要素是（   ）。
   A. 纳税义务人　　B. 征税对象　　C. 税率　　D. 纳税环节

4. 下列各项中,（   ）是构成税收实体法要素中的基础性要素,是一种税区别于另一种税的最主要标志。
   A. 课税对象　　B. 税目　　C. 计税依据　　D. 税率

5. 在我国现行税制中,土地增值税采用的税率是（   ）。
   A. 超额累进税率　　　　　　　　　　　B. 超率累进税率
   C. 全额累进税率　　　　　　　　　　　D. 超倍累进税率

6. 某纳税人某月取得收入1 000元,税率为20%。假定起征点和免征额均为800元,则该纳税人分别按起征点和免征额办法计算,应纳税（   ）。
   A. 200元和40元　　B. 200元和160元　　C. 160元和40元　　D. 40元和0元

7. 下列减免税中,属于税率式减免的是（   ）。
   A. 起征点　　B. 免征额　　C. 抵免税额　　D. 零税率

8. 下列各项中,只采用比例税率征收的是（   ）。
   A. 资源税　　　　　　　　　　　　　　B. 消费税
   C. 城镇土地使用税　　　　　　　　　　D. 城市维护建设税

二、多项选择题

1. 在中国现行税制中,采用的累进税率有（   ）。
   A. 全额累进税率　　　　　　　　　　　B. 超率累进税率
   C. 超额累进税率　　　　　　　　　　　D. 超倍累进税率

2. 下列关于税法要素的说法中,正确的有（   ）。
   A. 纳税人就是负税人
   B. 计税依据是从量的方面对征税所作的规定,是课税对象量的表现
   C. 税目是课税对象的具体化,反映具体的征税范围,代表征税的广度
   D. 税率是计算税额的尺度,代表课税的深度

三、判断题

1. 累进税率的基本特点是税率等级与征税对象的数额等级同方向变动,所以在级距临界点附近会出现税负增加超过征税对象数额增加的不合理现象。（   ）
2. 对同一征税对象不论数额多少,均按同一比例征税的税率称为定额税率。（   ）
3. 税目是征税对象在应税内容上的具体化,它体现了征税的深度。（   ）
4. 税率是应纳税额占征税对象数额的比例,也是衡量税负轻重的重要标准。（   ）
5. 起征点是指达到或超过的就其全部数额征税,达不到的不征税;而免征额是指达到或超过的,可按扣除该数额后的余额计税。（   ）

6. 通过直接减少应纳税额的方式实现的减免税形式叫税基式减免。（   ）

7. 定额税率适用于从价计征的税种。（   ）

【知识点4】 税收分类

一、单项选择题

1. 行为税是指为了调节某些行为,以这些行为为征税对象而征收的一种税。下列税种中,属于行为税的是（   ）。
    A. 消费税　　　　　　B. 增值税　　　　　　C. 印花税　　　　　　D. 房产税
2. 我国现行税法体系中,采用多次课征的税种是（   ）。
    A. 增值税　　　　　　B. 消费税　　　　　　C. 关税　　　　　　　D. 资源税
3. 下列税种属于中央与地方共享税的是（   ）。
    A. 增值税　　　　　　B. 车船税　　　　　　C. 消费税　　　　　　D. 关税
4. 按税负是否转嫁分类,税收可分为（   ）。
    A. 从价税和从量税
    C. 定率税和配赋税
    B. 一般税和目的税
    D. 直接税和间接税

二、多项选择题

1. 按计税依据分类,税收分为（   ）。
    A. 从价税　　　　　　B. 从量税　　　　　　C. 复合税　　　　　　D. 流转税
2. 下列税种中,属于流转税类的有（   ）。
    A. 增值税　　　　　　B. 消费税　　　　　　C. 关税　　　　　　　D. 房产税
3. 增值税属于（   ）。
    A. 价内税　　　　　　B. 价外税　　　　　　C. 从价税　　　　　　D. 从量税
4. 下列税种中,由海关系统负责征收和管理的有（   ）。
    A. 房产税　　　　　　B. 个人所得税　　　　C. 船舶吨税　　　　　D. 关税
5. 按照税收收入的归属权,税收可分为（   ）。
    A. 国家税
    C. 中央税
    B. 地方税
    D. 中央和地方共享税

三、判断题

1. 直接税是由纳税人直接负担、不易转嫁的税种,如所得税、财产税、消费税。（   ）
2. 按照税收收入归属与管理权限的不同,消费税属于中央税。（   ）

第二章　增值税

【知识点1】增值税概念与分类

一、单项选择题

1. 增值税是对从事销售货物和进口货物、提供加工、修理修配劳务、销售应税服务、销售不动产及转让无形资产的单位和个人取得的（　　）征收的一种税。
   A. 销售额　　　　B. 营业额　　　　C. 增值额　　　　D. 收入额
2. 我国现行的增值税属于（　　）。
   A. 消费型增值税　　　　　　　　　B. 收入型增值税
   C. 生产型增值税　　　　　　　　　D. 积累型增值税

二、多项选择题

下列项目中，属于增值税的特点有（　　）。
A. 价外税　　　　B. 价内税　　　　C. 单环节纳税　　　　D. 多环节纳税

三、判断题

我国增值税实行税款抵扣制。　　　　　　　　　　　　　　　　　　　　（　　）

【知识点2】增值税征税范围——一般规定

一、单项选择题

1. 下列各项中，不属于增值税征税范围的是（　　）。
   A. 提供加工劳务
   B. 修理修配劳务
   C. 建筑劳务
   D. 单位或者个体工商户聘用的员工为本单位或者雇主提供取得工资的服务
2. 根据增值税法律制度的规定，下列属于"销售服务"的是（　　）。
   A. 修理业　　　　B. 娱乐服务　　　　C. 进口货物　　　　D. 加工业
3. 下列业务中，不属于"邮政服务"的是（　　）。
   A. 邮政普遍服务　　　　　　　　　B. 邮政一般服务
   C. 邮政特殊服务　　　　　　　　　D. 其他邮政服务
4. 下列业务中，不属于"生活服务"税目的是（　　）。
   A. 旅游娱乐服务　　B. 住宿服务　　C. 物流辅助服务　　D. 餐饮服务
5. 下列各项中，属于"现代服务业"的范围的是（　　）。
   A. 邮政储蓄服务　　B. 航空运输服务　　C. 文化创意服务　　D. 金融服务

6. 管道的安装属于（　　）。
   A. 建筑服务　　　　　B. 交通运输服务　　　C. 物流辅助服务　　　D. 生活服务
7. 下列各项中，应按照"销售服务——建筑服务"税目计缴增值税的是（　　）。
   A. 平整土地　　　　　　　　　　　　B. 出售住宅
   C. 出租办公楼　　　　　　　　　　　D. 转让土地使用权
8. 下列各项中，应按照"销售服务——生活服务"税目计缴增值税的是（　　）。
   A. 文化创意服务　　　　　　　　　　B. 车辆停放服务
   C. 广播影视服务　　　　　　　　　　D. 旅游娱乐服务
9. 下列关于租赁服务的表述中，不正确的是（　　）。
   A. 将建筑物、构筑物等不动产或者飞机、车辆等有形动产的广告位出租给其他单位或者个人，用于发布广告，按照经营租赁服务缴纳增值税
   B. 融资性售后回租按照经营租赁服务缴纳增值税
   C. 水路运输的光租业务、航空运输的干租业务，属于经营租赁
   D. 车辆停放服务，按不动产经营租赁服务缴纳增值税
10. 不属于销售无形资产的是（　　）。
    A. 转让专利权　　　　　　　　　　　B. 转让建筑永久使用权
    C. 转让网络虚拟道具　　　　　　　　D. 转让采矿权

二、多项选择题

1. 下列项目中，属于增值税征收范围的有（　　）。
   A. 单位为员工提供班车　　　　　　　B. 转让商标专用权
   C. 销售房屋　　　　　　　　　　　　D. 销售家电
2. 下列各项中，属于提供应缴纳增值税的应税服务的有（　　）。
   A. 交通运输服务　　B. 建筑服务　　　C. 贷款服务　　　D. 旅游服务
3. 下列各项中，属于"交通运输服务"的有（　　）。
   A. 铁路运输　　　　　　　　　　　　B. 管道运输
   C. 远洋运输的程租、期租　　　　　　D. 航空运输的干租
4. 下列各项中，属于"电信服务"的有（　　）。
   A. 邮政储蓄服务　　　　　　　　　　B. 基础电信服务
   C. 增值电信服务　　　　　　　　　　D. 鉴证咨询服务
5. 下列各项中，属于"现代服务业"的有（　　）。
   A. 研发和技术服务　　　　　　　　　B. 文化创意服务
   C. 不动产租赁服务　　　　　　　　　D. 物流辅助服务
6. 下列行为中，属于"物流辅助服务"的有（　　）。
   A. 打捞救助服务　　B. 收派服务　　　C. 装卸搬运服务　　D. 仓储服务
7. 下列行为中，属于"鉴证咨询服务"的有（　　）。
   A. 认证服务　　　　B. 鉴证服务　　　C. 经纪代理服务　　D. 咨询服务

8. 下列服务中,属于"经纪代理服务"的有( )。
   A. 代理记账　　　　　　　　　　B. 代理报关服务
   C. 劳务派遣　　　　　　　　　　D. 货物运输代理
9. 下列各项中,按照"生活服务业"计算缴纳增值税的有( )。
   A. 出租文化场所　　　　　　　　B. 经营网吧
   C. 经营音乐茶座　　　　　　　　D. 金融经纪业务
10. 下列增值税应税服务的具体内容中,正确的有( )。
    A. 交通运输业,是指使用运输工具将货物或者旅客送达目的地,使其空间位置得到转移的业务活动
    B. 现代服务业,是指围绕制造业、文化产业、现代物流产业等提供技术性、知识性服务的业务活动
    C. 现代服务业包括物流辅助服务、有形动产租赁服务等
    D. 广播影视服务不属于现代服务业

三、判断题

1. 物业管理按照"生活服务业"征收增值税。（　　）
2. 水路运输的光租业务按照"交通运输业"征收增值税。（　　）
3. 航空运输的湿租业务按照"交通运输业"征收增值税。（　　）
4. 研发和技术服务,包括研发服务、专业技术服务、合同能源管理服务、工程勘察勘探服务。（　　）
5. 销售无形资产,是指转让无形资产所有权的业务活动。（　　）

【知识点3】 增值税征税范围——视同销售

一、单项选择题

1. 不属于视同销售货物的是( )。
   A. 将购进的货物用于集体福利或个人消费
   B. 将自产、委托加工的货物用于非增值税应税项目
   C. 将自产、委托加工或购进的货物分配给股东或投资者
   D. 将自产、委托加工或购进的货物无偿赠送给其他单位或个人
2. 下列各项中,不应视同销售货物征收增值税的是( )。
   A. 将委托加工的货物用于非应税项目　　B. 用自产货物换取生产资料
   C. 销售代销货物　　　　　　　　　　　D. 用自产产品对外投资

二、多项选择题

1. 根据增值税规定,下列行为应视同销售征收增值税的有( )。
   A. 将购买来的货物用于集体福利或个人消费
   B. 将自产、委托加工或购买来的货物作为投资
   C. 将货物交给他人代销或者销售代销货物

D. 设有两个以上机构并实行统一核算的纳税人,将货物异地(不在同一县市)移送用于销售

2. 下列增值税一般纳税人的行为中,应视同销售货物,征收增值税的有(　　)。
   A. 食品厂将自产的月饼发给职工作为中秋节的福利
   B. 商场将购进的服装发给职工用于运动会入场式
   C. 电脑生产企业将自产的电脑分配给投资者
   D. 纺织厂将自产的窗帘用于职工活动中心

3. 下列行为中,应视同销售货物,征收增值税的有(　　)。
   A. 将自产货物用于集体福利　　　B. 将外购货物用于个人消费
   C. 将自产货物无偿赠送他人　　　D. 将外购货物分配给股东

4. 企业发生的下列行为中,属于视同销售货物行为的有(　　)。
   A. 将服装交付他人代销　　　　　B. 将自产服装用于职工福利
   C. 将购进服装无偿赠送给某小学　D. 销售代销服装

5. 下列属于视同提供应税服务的有(　　)。
   A. 为本单位员工无偿提供搬家运输服务　B. 向客户无偿提供信息咨询服务
   C. 销售货物同时无偿提供运输服务　　　D. 为客户无偿提供广告设计服务

三、判断题

将自产、委托加工或购进的货物作为投资,提供给其他单位或个体工商户不属于视同销售行为。(　　)

【知识点4】 增值税征税范围——混合销售、兼营和不征税项目

一、单项选择题

1. 下列各项中,不属于以销售货物为主的增值税混合销售行为的是(　　)。
   A. 纳税人销售林木的同时提供林木管护劳务的行为
   B. 饭店为现场餐饮消费的顾客销售酒水
   C. 电梯销售商销售电梯并负责安装电梯
   D. 苏宁电器销售空调并负责安装

2. 下列业务中,属于增值税兼营行为的是(　　)。
   A. 手机制造商销售手机,出租仓库
   B. 软件厂销售软件并同时收取安装费、培训费
   C. 餐厅为现场餐饮消费的顾客提供销售香烟
   D. 服装厂为航空公司设计并制作工作服

3. 下列关于混合销售与兼营的说法中,错误的是(　　)。
   A. 混合销售是指一项销售行为既涉及货物又涉及服务
   B. 兼营是指纳税人的经营范围既包括销售货物、应税劳务,又包括销售服务、无形资产、不动产

C. 混合销售行为发生在一项销售行为中,而兼营不发生在同一项销售行为中

D. 兼营发生在一项销售行为中,而混合销售行为不发生在同一项销售行为中

4. 下列选项中,应征收增值税的是( )。

   A. 被保险人获得的保险赔付

   B. 房地产主管部门或者其指定机构、公积金管理中心、开发企业以及物业管理单位代收的住宅专项维修资金

   C. 银行销售金银

   D. 存款利息

5. 下列各项中,应征收增值税的是( )。

   A. 行政单位收取的符合条件的行政事业性收费

   B. 单位聘用的员工为本单位提供取得工资的服务

   C. 个体工商户为聘用的员工提供服务

   D. 甲运输公司无偿向乙企业提供交通运输服务

二、多项选择题

1. 下列行为中,应当按销售货物征收增值税的有( )。

   A. 贸易公司销售电梯同时负责安装

   B. 百货商店销售商品同时负责运输

   C. 建材商店销售建材,并从事装修、装饰业务

   D. 餐饮公司提供餐饮服务的同时销售酒水

2. 下列各项中,属于增值税混合销售行为的有( )。

   A. 电梯生产企业销售电梯后为客户安装电梯的业务

   B. 商场销售商品,并设餐饮区提供餐饮服务

   C. 电信局提供电话安装的同时,又销售所安装的电话

   D. 汽车厂既生产销售汽车又提供汽车修理服务

3. 下列销售行为中,属于兼营行为的有( )。

   A. 建筑安装公司提供建筑安装劳务的同时销售自产铝合金门窗

   B. 汽车修理厂修车,并销售汽车零配件

   C. 建材商店销售建材,并从事装修、装饰业务

   D. 花店销售鲜花,并承接婚庆服务业务

4. 下列说法中,正确的有( )。

   A. 一项销售行为如果既涉及货物又涉及服务,则为混合销售

   B. 从事货物的生产、批发或者零售的单位和个体工商户的混合销售行为,按照销售货物缴纳增值税;其他单位和个体工商户的混合销售行为,按照销售服务缴纳增值税

   C. 兼营不同税率的销售货物、加工修理修配劳务、服务、无形资产或者不动产,从高适用税率

   D. 试点纳税人销售货物、劳务、服务、无形资产或者不动产,适用不同税率或者征收率

的,应当分别核算适用不同税率或者征收率的销售额

5. 下列关于纳税人发生兼营行为,未分别核算销售额的处理中,说法正确的有(   )。
   A. 纳税人兼有不同税率的销售货物、劳务、服务、无形资产或者不动产,从高适用税率
   B. 纳税人兼有不同征收率的销售货物、劳务、服务、无形资产或者不动产,从高适用征收率
   C. 纳税人兼有不同税率和征收率的销售货物、劳务、服务、无形资产或者不动产,从高适用税率
   D. 纳税人兼有不同税率和征收率的销售货物、劳务、服务、无形资产或者不动产,从高适用征收率

6. 下列情形中,不属于在境内提供应税服务的有(   )。
   A. 境外单位或个人向境内单位或个人提供完全在境外消费的应税服务
   B. 境内单位或个人向境内单位或个人提供完全在境外消费的应税服务
   C. 境内单位或个人向境内单位或个人出租完全在境外使用的有形动产
   D. 境外单位或个人向境内单位或个人出租完全在境外使用的有形动产

三、判断题

1. 混合销售不仅是指服务和货物的混合,还包括劳务、不动产和无形资产。(   )
2. 单位或者个体工商户聘用的员工为本单位或雇主提供工资性服务,不属于提供应税服务,不征收增值税。(   )

【知识点5】 纳税义务人与分类

一、单项选择题

1. 下列各项中,不属于增值税纳税人的是(   )。
   A. 进口货物的企业
   B. 收取满足特定条件的行政事业性收费的行政单位
   C. 批发货物的超市
   D. 提供修理劳务的汽车行

2. 单位以承包、承租、挂靠方式经营的,承包人以发包人名义对外经营并由发包人承担相关法律责任的,以(   )为纳税人。
   A. 发包人   B. 承包人   C. 承租人   D. 挂靠人

3. 增值税小规模纳税人的标准为年应税销售额在(   )万元以下。
   A. 500   B. 600   C. 700   D. 800

4. 年应税销售额超过小规模纳税人标准的(   ),必须按小规模纳税人纳税。
   A. 不经常发生应税行为的企业   B. 企业
   C. 个人   D. 非企业性单位

5. 下列关于小规模纳税人征税规定的表述中,不正确的是(   )。
   A. 实行简易征税办法

B. 一律不使用增值税专用发票

C. 不允许抵扣增值税进项税额

D. 可以自愿使用增值税发票管理系统自行开具增值税专用发票

二、多项选择题

1. 下列属于增值税纳税人的有（　　）。
   A. 提供建筑业的建筑公司
   B. 提供金融保险业的保险公司
   C. 转让无形资产的单位
   D. 销售不动产的个人

2. 下列关于增值税小规模纳税人的说法中，正确的有（　　）。
   A. 年应税销售额超过小规模纳税人标准的其他个人，按小规模纳税人纳税
   B. 年应税销售额超过小规模纳税人标准的非企业性单位、不经常发生应税行为的企业，可选择按小规模纳税人纳税
   C. 小规模纳税人会计核算健全，能提供准确税务资料，可申请不作为小规模纳税人
   D. 已认定为小规模纳税人的企业一律不得再转为一般纳税人

3. 下列选项中，可以选择按小规模纳税人标准纳税的有（　　）。
   A. 年应税销售额未超过一般纳税人认定标准，但会计核算健全的企业
   B. 年应税销售额超过小规模纳税人标准的其他个人
   C. 年应税销售额超过小规模纳税人标准的非企业性单位
   D. 年应税销售额超过小规模纳税人标准的不经常发生应税行为的企业

三、判断题

1. 增值税纳税人中的个人仅指个体工商户，不包括其他个人。（　　）
2. 中华人民共和国境外的单位或者个人在境内发生应税行为，在境内未设有经营机构的，以购买方为扣缴义务人。（　　）
3. 规模较大、会计核算较为健全、能够提供完整的核算资料的企业，不需要任何手续而可直接作为一般纳税人申报纳税。（　　）
4. 增值税纳税人一经认定为一般纳税人后，不符合一般纳税人条件的，可以转为小规模纳税人。（　　）
5. 赵某于202×年5月出售自有房屋一套，售价880万元，由于销售服务、无形资产或不动产的年应税销售额超过500万元，因此应当登记为一般纳税人。（　　）

【知识点6】 税率与征收率

一、单项选择题

1. 我国增值税的基本税率为（　　）。
   A. 9%　　　B. 3%　　　C. 6%　　　D. 13%
2. 一般纳税人销售的下列产品中，适用13%的税率的是（　　）。
   A. 农机配件　　B. 自来水　　C. 花生油　　D. 居民用煤炭
3. 根据增值税有关规定，下列各项中，执行9%的税率的是（　　）。

A. 增值电信服务 B. 提供装卸搬运服务
C. 提供邮政业服务 D. 有形动产租赁

4. 下列各项中,适用6%增值税税率的是( )。
   A. 金融保险业 B. 不动产租赁服务
   C. 建筑业 D. 转让土地使用权

5. 根据《中华人民共和国增值税暂行条例》,( )适用9%增值税税率。
   A. 汽车零配件 B. 卷烟 C. 暖气 D. 柴油

6. 依照《中华人民共和国增值税暂行条例》的规定,下列货物销售,不适用9%增值税税率的是( )。
   A. 食用植物油 B. 暖气、热水
   C. 养殖的水产品 D. 农业生产者销售自产农产品

7. 下列各项增值税服务中,增值税税率为13%的是( )。
   A. 邮政服务 B. 交通运输服务
   C. 有形动产租赁服务 D. 增值电信服务

8. 根据增值税法律制度的规定,一般纳税人销售的下列货物中,适用9%的税率的是( )。
   A. 农机配件 B. 农产品 C. 淀粉 D. 煤炭

9. 下列项目中,适用增值税零税率的是( )。
   A. 国际运输服务
   B. 在境外提供的广播影视节目的播映服务
   C. 工程项目在境外的建筑服务
   D. 存储地点在境外的仓储服务

二、多项选择题

1. 我国增值税采用的是比例税率,其税率分为( )。
   A. 基本税率13% B. 低税率9% C. 零税率 D. 低税率3%

2. 下列行为中,适用于9%增值税税率的有( )。
   A. 交通运输服务 B. 生活服务
   C. 建筑服务 D. 转让土地使用权

3. 一般纳税人销售的下列货物中,适用9%的税率的有( )。
   A. 洗衣液 B. 文具盒 C. 杂粮 D. 玉米胚芽

4. 下列服务中,适用于6%增值税税率的有( )。
   A. 有形动产租赁服务 B. 广告设计服务
   C. 物流辅助服务 D. 商务辅助服务

5. 下列应税行为中,适用零税率的有( )。
   A. 在境内载运旅客或者货物出境 B. 在境外载运旅客或者货物入境
   C. 航天运输服务 D. 在境外载运旅客或者货物

6. 下列说法中,正确的有( )。
   A. 提供邮政业服务,税率为7%
   B. 提供现代服务业服务(租赁服务除外),税率为6%
   C. 零税率,即税率为零,仅适用于法律不限制或不禁止的报关出口的货物。国务院另有规定的某些货物,不适用零税率
   D. 单位和个人提供的国际运输服务、向境外单位提供的完全在境外消费的研发服务和设计服务以及财政部和国家税务总局规定的其他服务,税率为零

三、判断题

1. 小规模纳税人的增值税法定征收率为6%。 ( )
2. 纳税人出口货物,税率一律为零。 ( )
3. 食用盐应按照13%的基本税率征收增值税。 ( )
4. 零税率等同于免税。 ( )
5. 小规模纳税人销售不动产的征收率为3%。 ( )
6. 其他个人出租住房,减按1.5%征收率。 ( )
7. 纳税人销售旧货,按照简易办法依照3%征收率征收增值税。 ( )
8. 小规模纳税人销售自己使用过的物品,减按2%征收增值税。 ( )
9. 一般纳税人销售或者提供财政部和国家税务总局规定的特定货物、应税劳务、应税行为,可以选择适用简易计税方法计税,一经选择,12个月内不得变更。 ( )
10. 小规模纳税人销售货物、提供应税劳务和应税行为适用一般计税方法计税。 ( )

【知识点7】 一般计税方法——销项税额的计算

一、单项选择题

1. 增值税一般纳税人销售货物或者应税劳务,采用销售额和销项税额合并定价方法的,其计算销售额的公式是( )。
   A. 销售额=含税销售额÷(1+税率)   B. 销售额=不含税销售额÷(1+税率)
   C. 销售额=含税销售额÷(1-税率)   D. 销售额=不含税销售额÷(1-税率)

2. 根据增值税法律制度的规定,纳税人销售货物向购买方收取的下列款项中,不属于价外费用的是( )。
   A. 延期付款利息   B. 赔偿金   C. 手续费   D. 包装物押金

3. 公司为增值税一般纳税人,202×年8月销售钢材一批,不含税的销售额为8 000元,税率为13%,该公司8月应缴纳的增值税销项税额为( )元。
   A. 1 040   B. 1 300   C. 1 000   D. 1 162

4. 某企业为增值税一般纳税人,202×年10月销售自产电视机10台,开具增值税专用发票注明价款30 000元,另取得延期付款利息2 260元,则该企业当月应缴纳增值税( )元。
   A. 4 160   B. 4 698.97   C. 4 360   D. 5 497.8

5. 某酒厂为增值税一般纳税人,202×年12月向一小规模纳税人销售白酒,开具的普通发票上注明含税金额为113 000元,同时收取包装物租金2 260元。此酒厂应缴纳的销项税额为( )元。

   A. 13 000　　　　　B. 13 260　　　　　C. 13 230.09　　　　　D. 15 260

6. 甲公司为增值税一般纳税人,8月将一批新研制的产品赠送给老顾客。甲公司并无同类产品销售价格,其他公司也无同类货物,已知该批产品的生产成本为100 000元,甲公司的成本利润率为10%,则甲公司8月视同销售的增值税销项税额为( )元。

   A. 17 000　　　　　B. 18 500　　　　　C. 14 300　　　　　D. 18 700

7. 甲公司为增值税一般纳税人,7月采用以旧换新的方式零售冰箱50台,冰箱每台售价2 260元,同时收到旧冰箱50台,每台折价200元,实际收到销售款9万元,已知甲公司适用的增值税税率为13%,则甲公司7月销售冰箱的增值税销项税额为( )元。

   A. 13 077　　　　　B. 13 000　　　　　C. 15 300　　　　　D. 17 000

8. 某商场为增值税一般纳税人,202×年5月实行还本销售家具,家具现零售价25 000元,5年后还本,该商场增值税的计税销售额为( )元。

   A. 25 000　　　　　B. 24 038.46　　　　　C. 22 123.89　　　　　D. 不征税

9. 某白酒生产企业为增值税一般纳税人,202×年10月份销售白酒取得不含税的销售收入80万元,收取包装物押金2.26万元。当月没收3个月前收取的逾期未退还的包装物押金5.4万元,则该白酒生产企业202×年10月的销项税额为( )万元。

   A. 10.66　　　　　B. 8.25　　　　　C. 6.86　　　　　D. 9.78

10. 根据增值税法律制度的规定,下列各项中,说法正确的是( )。

    A. 采取折扣销售方式的,销售额为扣除折扣后的金额
    B. 采取以旧换新方式的,销售额为实际收取的全部价款
    C. 采取还本销售方式的,不得从销售额中减除还本支出
    D. 采取以物易物方式的,以实际收取的差价款为销售额

二、多项选择题

1. 下列有关增值税的计算公式中,正确的有( )。

   A. 销售额＝含税销售额÷(1＋税率)　　　B. 销项税额＝销售额×适用税率
   C. 销售额＝销项税额×适用税率　　　　D. 销售额＝含税销售额÷税率

2. 价外费用包括( )。

   A. 补贴　　　　　B. 基金　　　　　C. 返还利润　　　　　D. 滞纳金

3. 纳税人销售货物向购买方收取的下列款项中,属于价外费用的有( )。

   A. 延期付款利息　　　　　　　　　B. 赔偿金
   C. 手续费　　　　　　　　　　　　D. 包装物租金

4. 下列各项中,应计入增值税的应税销售额的有( )。

   A. 向购买者收取的包装物租金
   B. 向购买者收取的销项税额

C. 因销售货物向购买者收取的手续费

D. 受托加工应征消费税的消费品所代收代缴的消费税

5. 下列关于纳税人以特殊方式销售货物的税务处理,错误的有(　　)。

　　A. 纳税人发生视同销售货物行为,按组成计税价格确定其销售额

　　B. 纳税人用以旧换新方式销售金银首饰,按新货物的同期销售价格确定销售额

　　C. 纳税人以折扣方式销售货物,若将折扣额另开增值税专用发票,可从销售额中减除折扣额

　　D. 还本销售的本质为筹资,税法规定,该行为不缴纳增值税

6. 下列关于包装物的增值税处理中,正确的有(　　)。

　　A. 随同货物销售而出租包装物的租金,一律在收取时作为价外费用并入销售额计征增值税

　　B. 一般货物包装物押金,一律在收取时作为价外费用并入销售额计征增值税

　　C. 白酒包装物押金,一律在收取时作为价外费用并入销售额计征增值税

　　D. 啤酒包装物押金,一律在收取时作为价外费用并入销售额计征增值税

三、判断题

1. 销售额为纳税人销售货物或应税劳务向购买方收取的全部价款,但不包括价外费用。(　　)

2. 在计算增值税销项税额时的销售额,应当包括向购买方收取的销项税额和其他符合税法规定的费用。(　　)

3. 纳税人应以其提供应税服务、转让无形资产或者销售不动产而向对方收取的全部价款和价外费用为计税依据,计算应缴纳的增值税。(　　)

4. 视同销售货物行为而无销售额的,由物价部门核定销售额。(　　)

5. 纳税人采用折扣销售方式销售货物,只要折扣额与销售额在同一张发票上注明,可按折扣后的净额计算缴纳增值税。(　　)

四、业务题

1. 某商店为一般纳税人,202×年10月销售货物,开具增值税专用发票取得不含税销售额50万元,开具普通发票取得含税销售额67.8万元。

　　要求:计算该商店当月的销售额和销项税额。

2. 甲公司为增值税一般纳税人,7月销售产品一批,取得不含税销售额100 000元,同时向对方收取包装费1 130元,已知增值税税率为13%。
   要求:计算甲公司7月的增值税销项税额。

3. 甲公司为增值税一般纳税人,202×年5月取得咨询服务的不含税收入318万元,另收取奖励费5.3万元。已知咨询服务增值税税率为6%。
   要求:计算甲公司业务增值税销项税额。

4. 中秋节将至,某食品厂(一般纳税人)特地制作了一款月饼发给本厂职工。7月及以前月份均无同类月饼售价。已知制作这款月饼的总成本为1.6万元。已知成本利润率为10%。
   要求:分别计算该食品厂7月的销售额和销项税额。

5. 甲公司为增值税一般纳税人,202×年10月将2台自产的A型洗衣机奖励给职工,已知A型洗衣机的生产成本为1 500元/台,成本利润率为10%,市场最高不含税售价为2 500元/台,平均不含税售价为2 200元/台。
   要求:计算甲公司10月该笔业务的增值税销项税额。

6. 甲服装厂为增值税一般纳税人,202×年10月将自产的100件新型羽绒服作为福利发给本厂职工,该新型羽绒服生产成本为500元/件,无同类销售价格。已知增值税税率为13%,成本利润率为10%。
   要求:计算甲服装厂10月该笔业务的增值税销项税额。

7. 甲公司为增值税一般纳税人,本月将一批新研制的高档美白化妆品赠送给老顾客,甲公司并无同类产品销售价格,其他公司也无同类货物,已知该批产品的生产成本为100 000元,甲公司的成本利润率为10%,高档化妆品的消费税税率为15%,增值税税率为13%。
   要求:计算甲公司当月该笔业务的增值税销项税额。

8. 甲公司为增值税一般纳税人,202×年10月采取折扣方式销售货物一批,该批货物不含税的销售额为166 000元,因购买数量大,给予购买方10%的价格优惠,销售额和折扣额在同一张发票上分别注明。已知增值税税率为13%。
   要求:计算甲公司10月该笔业务的增值税销项税额。

9. 某企业(一般纳税人)202×年2月采取以旧换新方式销售彩电,开出普通发票38张,收到货款80 000元,并注明已扣除旧货折价30 000元。
   要求:计算该企业2月的销项税额。

【知识点8】 一般计税方法——进项税额的计算

一、单项选择题
1. 下列情形中,进项税额准予抵扣的是(　　)。
   A. 用于集体福利的购进货物
   B. 因自然灾害造成的购进原材料损失
   C. 接受国际旅客运输服务
   D. 属于一般纳税人但选择按照简易办法征税的自来水公司销售自来水

2. 生产企业202×年12月外购原材料后,取得的增值税专用发票上注明的价款为100 000元,增值税13 000元,已入库。支付运输企业的运输费654元(货物运输增值税专用发票上注明运费600元,增值税54元)。该企业12月可以抵扣的进项税额的金额为(　　)元。
   A. 13 054　　　　　B. 17 660　　　　　C. 17 000　　　　　D. 17 600

3. 某增值税一般纳税人202×年12月购进免税农产品一批,支付给农业生产者的收购价格为40 000元,该项业务准予抵扣的进项税额为(　　)元。
   A. 4 000　　　　　B. 0　　　　　C. 3 600　　　　　D. 6 800

4. 某食品加工厂从某粮食购销企业购进粮食100吨,取得专用发票,其上注明价款150 000元,从农民手中收购花生,收购凭证上注明的收购价格为50 000元,货已入库,支付运输企业运输不含税费用4 000元(取得运费发票)。则可以抵扣的进项税为(　　)元。
   A. 18 520　　　　　B. 18 360　　　　　C. 24 360　　　　　D. 26 520

5. 某食品厂为增值税一般纳税人,202×年10月,该厂将以前月份外购的副食品用于集体福利,该批外购副食品在购进时已经抵扣了进项税额,账面成本为10 000元(其中含运费2 000元),则该食品厂202×年10月应转出的进项税额为(　　)元。
   A. 1 017.09　　　　B. 1 220　　　　　C. 1 452.99　　　　D. 1 700

二、多项选择题

1. 准予从销项税额中抵扣进项税额的有( )。
   A. 从销售方取得的增值税专用发票上注明的增值税税额
   B. 运输费用普通发票上注明的运输费用金额计算的进项税额
   C. 从海关取得的海关进口增值税专用缴款书上注明的增值税额
   D. 销售发票上注明的农产品买价计算的进项税额

2. 下列各项可以作为增值税的扣税凭证的有( )。
   A. 税控机动车销售统一发票
   B. 海关进口增值税专用缴款书
   C. 接受境外单位提供的应税服务，从境内代理人处取得的解缴税款的完税凭证
   D. 增值税普通发票

3. 增值税一般纳税人的下列行为中，外购货物进项税额准予从销项税额中抵扣的有( )。
   A. 将外购货物无偿赠送给客户
   B. 将外购货物作为投资提供给联营单位
   C. 将外购货物分配给股东
   D. 将外购货物用于本单位职工福利

4. 增值税一般纳税人的下列行为中，涉及的进项税额可以从销项税额中抵扣的有( )。
   A. 购进节日礼品发放给职工做福利
   B. 购进住宿服务所支付的进项税额
   C. 购进一台机器设备用于应税产品和免税产品的生产
   D. 购进布料用于生产服装

5. 一般纳税人购进的下列货物、服务中，其进项税额不得从销项税额中抵扣的有( )。
   A. 购进生产免税货物耗用材料所支付的进项税额
   B. 购进国内旅客运输服务所支付的进项税
   C. 购进试制新产品耗用材料所支付的进项税额
   D. 购进贷款服务所支付的进项税额

6. 一般纳税人购进货物的下列进项税额中，不得从销项税额中抵扣的有( )。
   A. 因管理不善造成被盗的购进货物的进项税额
   B. 被执法部门依法没收的购进货物的进项税额
   C. 被执法部门强令自行销毁的购进货物的进项税额
   D. 因地震造成毁损的购进货物的进项税额

7. 一般纳税人购进货物取得的下列合法凭证中，属于增值税扣税凭证的有( )。
   A. 税控机动车销售统一发票
   B. 海关进口增值税专用缴款书
   C. 农产品收购发票
   D. 国内旅客运输增值税电子普通发票

三、判断题

1. 增值税专用发票、机动车销售统一发票,应在开具之日起 180 日内到税务机关办理认证,并在认证通过的当月申报期内,向主管税务机关申报抵扣进项税额。（ ）

2. 增值税纳税人初次购买增值税税控系统专用设备(包括分开票机)支付的费用,凭购买的增值税专用发票,在增值税应纳税额中全额抵减(即价税合计额)。（ ）

3. 已抵扣进项税额的购进货物改变用途,用于个人消费的,应当将该项购进货物的进项税额从当期进项税额中扣减；无法确定该项进项税额的,按当期外购项目的对外销售额计算应扣减的进项税额。（ ）

四、业务题

1. 某一般纳税人企业从农民手中收购苹果并取得收购凭证,其上注明的收购价格为 60 000 元,货已入库,该批苹果经过简单清理、包装后即对外销售。同时支付运输企业运输不含税费用 5 000 元(取得运费发票)。

要求:计算本期可以抵扣的进项税额。

2. 甲公司为增值税一般纳税人,本月进口产品 20 万元,取得进口增值税专用缴款书上注明的增值税额 3.2 万元；发生运输费用,取得增值税普通发票上注明的价税合计金额 2 200 元；向农业生产者购入免税农产品 3 万元,经简单加工后用于直接销售；购入原材料 30 万元,增值税专用发票上注明的增值税额为 4.8 万元。已知该企业取得的发票、缴款书等均符合规定,并已认证、比对。

要求:计算准予抵扣的进项税额。

3. 甲公司员工赵某出差乘坐飞机,取得航空运输电子客票行程单,其上注明票价 3 002 元,燃油附加费 50 元;乘坐高铁取得的铁路车票上注明的票价为 1 308 元;乘坐渡轮取得的船票上注明的价格为 360.5 元;乘坐网约车,取得国内旅客运输服务的增值税电子普通发票,其上注明的金额为 200 元,税额为 6 元。已知:航空运输电子客票行程单、铁路车票适用的增值税税率为 9%,公路、水路等其他客票适用的扣除率为 3%。
要求:计算甲公司本月准予抵扣的进项税额。

4. 某制造设备的生产企业 6 月发生的业务如下(所含该抵税的凭证均经过认证):
(1) 购入一批原材料用于生产,价款 200 000 元,增值税 26 000 元;
(2) 外购一批床单用于职工福利,价款 10 000 元,增值税 1 300 元;
(3) 外购一批涂料用于装修职工食堂,价款 50 000 元,增值税 6 500 元;
(4) 外购一批食品用于交际应酬,价款 3 000 元,增值税 390 元;
(5) 外购一批打印纸用于管理部门使用,价款 4 000 元,增值税 520 元;
要求:计算该企业 6 月可抵扣的增值税进项税额。

5. 某化妆品厂为增值税一般纳税人,10 月产品、材料的领用情况为:在建的职工文体中心领用外购材料,购进成本 25 万元,其中包括运费 5 万元;生产车间领用外购原材料,购进成本 125 万元。
要求:计算该厂不可以抵扣的进项税额。

【知识点9】 一般计税方法——应纳税额的计算

一、单项选择题

1. 某企业为增值税一般纳税人,某日从农民手中收购一批苹果,农产品收购发票上注明的收购价款为80 000元。该企业将这一批苹果加工成果汁对外销售,本月取得不含税销售额150 000元,此外由于市场上原料紧缺,该企业又转让给兄弟企业一批苹果,开具的普通发票上注明的金额为20 000元,则该企业当月应缴纳的增值税为( )元。
   A. 15 682.52   B. 13 151.38   C. 18 005.89   D. 18 500

2. 某广播影视公司为增值税一般纳税人,202×年8月份,提供广告设计服务取得不含税销售额80万元,提供广告发布服务取得不含税销售额250万元。当月接受国内高铁旅客运输服务,支付价款20万元,则该广播影视公司202×年8月份应缴纳增值税( )万元。
   A. 15.5   B. 17.6   C. 18.15   D. 25.54

3. 某大型水果超市为增值税一般纳税人,某日从农民手中收购一批苹果,农产品收购发票上注明的收购价款为8 000元,该超市对苹果做了清洗包装后,出售给了甲企业,开具的增值税专用发票上注明的金额为12 000元。已知,该超市销售农产品适用的税率为9%,则该超市应缴纳增值税的下列计算列式中,正确的是( )。
   A. $12\,000 \times 9\% - 8\,000 \times 9\% = 360(元)$
   B. $12\,000 \div (1+9\%) \times 9\% - 8\,000 \times 9\% = 270.83(元)$
   C. $12\,000 \div (1+13\%) \times 13\% - 8\,000 \times 9\% = 660.53(元)$
   D. $12\,000 \times 13\% - 8\,000 \times 9\% = 840(元)$

二、多项选择题

甲公司外购一批货物6 000元,取得增值税专用发票,委托乙公司加工,支付加工费1 000元,并取得乙公司开具的增值税专用发票。货物加工好收回后,甲公司将这批货物直接对外销售,开出的增值税专用发票上注明的价款为8 000元。下列说法正确的有( )。
A. 甲应当缴纳增值税510元
B. 乙应当缴纳增值税130元
C. 乙无须缴纳增值税
D. 甲应当缴纳增值税130元

三、判断题

1. 增值税一般计税方法下,应纳税额=当期销项税额-当期进项税额。 ( )
2. 销项税额的确定关系到当期销项税额的计算,销项税额的确定不得滞后。 ( )

四、业务题

1. 某饮料厂当月批发零售销售饮料,实现销售额79.1万元。当月从一般纳税人处购进白糖、柠檬酸等原材料,购货金额为15万元;从小规模纳税人处购进5万元香料,取得增值税普通发票;为本厂食堂购进一台大冰柜,取得增值税专用发票,其上注明的税款为

4.8万元;为本厂职工幼儿园购进一批童桌、童椅、木床,取得增值税专用发票,其上注明的税款为0.234万元。

要求:计算该厂当月应缴纳的增值税税额。

2. 甲企业为增值税一般纳税人,4月发生以下业务:
   (1) 购进挖掘机一台,取得的增值税专用发票上注明的价款为60万元,增值税税额为7.8万元。
   (2) 购进一批低值易耗品,取得的增值税专用发票上注明的增值税税额为8万元。
   (3) 采取分期收款方式销售原煤9 000吨,每吨不含税单价500元。购销合同约定,本月应收取1/3的价款,但实际只收取不含税价款120万元。
   (4) 为职工宿舍供暖,使用本月开采的原煤200吨;另将本月开采的原煤500吨无偿赠送给某有长期业务往来的客户。
   (5) 月末盘点时发现月初购进的低值易耗品的1/5,因管理不善而丢失。

已知:相关票据在4月通过主管税务机关认证并申报抵扣;增值税月初留抵税额为0。

要求:(1) 计算该企业当月可以抵扣的增值税进项税额;
(2) 计算该企业当月的增值税销项税额;
(3) 计算该企业当月应缴纳的增值税税额。

3. 甲食品厂为增值税一般纳税人,主要从事食品生产和销售业务,其5月发生的经济业务如下:
   (1) 购进生产用原材料,取得增值税专用发票,其上注明的税额为26 000元;购进办公设备取得增值税专用发票注明税额8 500元;支付包装设计费取得增值税专用发票,其上注明的税额为1 200元;购进用于集体福利的食用油,取得的增值税专用发票上注明的税额为2 600元。

(2) 销售袋装食品取得含税价款 678 000 元,另收取合同违约金 56 500 元。

(3) 采取分期收款方式销售饮料,含税总价款 113 000 元,合同约定分 3 个月收取货款,本月应收取含税价款 45 200 元。

(4) 赠送给儿童福利院自产瓶装乳制品,该批乳制品生产成本为 2 260 元,同类乳制品含税销售价款为 3 390 元。

已知:除了食用油适用 9% 的增值税税率外,此次涉及的其他货物适用的增值税税率均为 13%,成本利润率为 10%;取得的增值税专用发票已通过税务机关认证。

要求:计算甲食品厂 5 月份应缴纳的增值税税额。

4. 丙食品厂为增值税一般纳税人,202×年 10 月发生以下业务:

(1) 从农民手中购进大米用于生产雪饼,支付价款 100 000 元,取得农产品销售发票。

(2) 销售零食取得不含税销售额 700 000 元,增值税专用发票注明税额为 91 000 元。

(3) 乙企业向丙食品厂购买了 1 000 000 元(不含税)货物,甲食品厂给予乙企业 10% 的折扣,销售额和折扣额在同一张发票且折扣额在备注栏标明。

(4) 丙食品厂销售自己使用过的生产设备,并取得含税销售额 25 750 元,该设备为 2008 年 5 月购入。

已知:丙食品厂销售食品适用增值税税率为 13%,纳税人取得的专票已通过认证。一般纳税人销售自己使用过的、不得抵扣且未抵扣进项税额的固定资产,按简易办法依 3% 征收率减按 2% 征收增值税。

要求:根据上述资料,不考虑其他因素,计算该食品厂 10 月份应缴纳的增值税税额。

【知识点10】 简易计税方法应纳税额的计算

一、单项选择题

1. 小规模纳税人销售货物或者提供劳务,对其增值税进项税额的处理规定是（　　）。
   A. 取得增值税专用发票的,可按发票上注明的增值税额进行抵扣
   B. 没有取得增值税专用发票的,可按3%的抵扣率抵扣进项税额
   C. 取得增值税专用发票的,可按13%抵扣进项税额
   D. 即使取得增值税专用发票,也不得抵扣任何进项税额

2. 某从事商品零售的小规模纳税人,202×年1月份销售商品取得的含税收入为103 000元,当月该企业应纳的增值税是（　　）元。
   A. 3 000　　　　B. 3 090　　　　C. 396.2　　　　D. 412

3. 202×年2月,某个体工商户（增值税小规模纳税人）购进皮鞋2 000双,单价60元,当月以每双120元的含税价格全部零售出去。则该个体工商户当月销售这些皮鞋的应纳增值税为（　　）元。
   A. 360　　　　B. 6 990.29　　　　C. 7 200　　　　D. 349.51

4. 某建材商店为小规模纳税人,5月销售给大型建材城公司建材一批,共取得收入154 500元;当月购进货物时,取得增值税专用发票,其上注明的价款为16 000元,则该建材商店5月应纳增值税税额为（　　）元。
   A. 4 020　　　　B. 4 033.98　　　　C. 4 155　　　　D. 4 500

5. 某企业为增值税小规模纳税人,202×年10月销售自产货物取得含税收入103 000元,销售自己使用过2年的设备一台,取得含税收入80 000元,当月购入货物取得的增值税专用发票上注明的金额为8 000元,增值税税额1 360元,则该企业当月应缴纳的增值税为（　　）元。
   A. 493.40　　　　B. 1 270.10　　　　C. 2 630.10　　　　D. 4 553.40

6. 某汽修厂为增值税小规模纳税人,12月取得的修理收入为120 000元;处置使用过的举升机一台,取得收入5 000元。汽修厂12月份应缴纳的增值税为（　　）元。
   A. 1 747.57　　　　B. 3 592.23　　　　C. 3 893.20　　　　D. 3 980.58

7. 其他个人出租其取得的不动产（不含住房）,应按照（　　）的征收率计算应纳税额。
   A. 5%　　　　B. 3%　　　　C. 1.5%　　　　D. 2%

8. 甲便利店为增值税小规模纳税人,202×年4月零售商品取得收入103 000元,将一批外购商品无偿赠送给物业公司用于社区活动,该批商品的含税价格为721元。已知增值税征收率为3%。下列计算甲便利店4月应缴纳增值税税额算式中,正确的是（　　）。
   A. [103 000＋721÷(1＋3%)]×3%＝3 111(元)
   B. (103 000＋721)×3%＝3 111.63(元)
   C. [103 000÷(1＋3%)＋721]×3%＝3 021.63(元)
   D. [(103 000＋721)÷(1＋3%)]×3%＝3 021(元)

9. 甲设计公司为增值税小规模纳税人,202×年6月提供设计服务取得含增值税价款206 000元;因服务中止,退还给客户含增值税价款10 300元。已知小规模纳税人增值税征收率为3%,下列计算甲设计公司6月应缴纳增值税税额的算式中,正确的是(   )。

   A. [206 000÷(1+3%)]×3%＝6 000(元)
   B. 206 000×3%＝6 180(元)
   C. [(206 000－10 300)÷(1+3%)]×3%＝5 700(元)
   D. (206 000－10 300)×3%＝5 871(元)

二、多项选择题

下列有关小规模纳税人征税和管理的说法,正确的有(   )。

A. 销售货物不得使用增值税专用发票　　B. 购进货物可以使用扣税凭证抵扣税款
C. 不享有税款抵扣权　　D. 应纳税额采用简易征收办法计算

三、判断题

1. 甲公司是一家按月纳税的从事货物零售的小规模纳税人,202×年3月甲公司的销售额为206 000元。已知小规模纳税人适用的征收率为3%,则甲公司应纳的增值税为6 000元。(　　)

2. 纳税人销售旧货,按照简易办法依照3%的征收率缴纳增值税。(　　)

3. 房地产开发企业中的小规模纳税人,销售自行开发的房地产项目,按照3%的征收率计税。(　　)

4. 小规模纳税人取得的销售额与一般纳税人一样,都是销售货物或提供应税劳务和应税服务后,向购买方收取的全部价款和价外费用,不包括收取的增值税税额。(　　)

5. 一般纳税人提供财政部和国家税务总局规定的特定应税服务,可以选择适用简易计税方法计税,但一经选择,12个月内不得变更。(　　)

四、业务题

1. 某五金工具厂为小规模纳税人,适用的增值税征收率为3%。202×年1月份,该厂取得的销售收入为185 400元。

   要求:计算该厂1月份应缴纳的增值税税额。

2. 某生产企业是增值税小规模纳税人,202×年6月销售边角废料,由税务机关代开增值税专用发票,取得不含税收入18万元;销售使用过的小汽车1辆,取得含税收入5.2万元;当月购进货物,支付价款3万元。

要求:计算该企业上述业务应缴纳的增值税税额。

【知识点11】 进口环节应纳税额的计算

一、单项选择题

1. 一般贸易下,进口货物的关税完税价格以海关审定的成交价格为基础的(　　)作为完税价格。

    A. 到岸价格　　　　B. 申报价格　　　　C. 实际成交价格　　　D. 离岸价格

2. 下列项目中,不应计入进口货物完税价格的是(　　)。

    A. 机器设备进口后的安装费用　　　　B. 运抵我国境内起卸前的运输费

    C. 运抵我国境内起卸前的保险费　　　D. 买方支付的进口货物的货价

3. 某生产企业为增值税一般纳税人,202×年3月进口一批钢材,关税完税价格为400万元,进口关税为80万元,则进口时应缴纳的增值税为(　　)万元。

    A. 54.4　　　　　B. 68　　　　　C. 62.4　　　　　D. 69.74

4. 甲公司为增值税一般纳税人,8月从国外进口一批音响,海关核定的关税完税价格为113万元,缴纳关税11.3万元。已知增值税税率为13%,在计算甲公司该笔业务应缴纳的增值税税额的算式中,正确的是(　　)。

    A. 113×13%=14.69(万元)

    B. (113+11.3)×13%=16.159(万元)

    C. 113÷(1+13%)×13%=13(万元)

    D. (113+11.3)÷(1+13%)×13%=14.3(万元)

5. 某公司为增值税一般纳税人,本月从国外进口一批高档化妆品,海关核定的关税完税价格为100万元。已知进口关税税率为26%,消费税税率为15%,增值税税率为13%。则该公司进口环节应缴纳的增值税为(　　)万元。

    A. 19.27　　　　B. 21.42　　　　C. 28.7　　　　D. 23.4

6. 某具有进出口经营权的企业为增值税小规模纳税人,2月从国外进口小汽车一辆,关税完税价格折合人民币 185 500 元,假定小汽车的关税税率为 20%,消费税税率为 5%,其进口环节应缴纳增值税税额为(   )元。

  A. 30 461.05   B. 31 535   C. 37 842   D. 36 040

7. 甲公司为增值税一般纳税人,9月进口货物一批,海关审定的关税完税价格为 116 万元。已知增值税税率为 13%,关税税率为 10%。下列计算甲公司当月该笔业务应缴纳增值税税额的算式中,正确的是(   )。

  A. $116×(1+10\%)÷(1+13\%)×13\%=14.68$(万元)

  B. $116÷(1+13\%)×13\%=13.35$(万元)

  C. $116×(1+10\%)×13\%=16.59$(万元)

  D. $116×13\%=15.08$(万元)

8. 6月甲贸易公司进口一批高档化妆品,关税完税价格为 85 万元,已知增值税税率为 13%,消费税税率为 15%,关税税率为 5%,下列计算甲贸易公司当月该笔业务应缴纳增值税税额的算式中,正确的是(   )。

  A. $85÷(1-15\%)×13\%=13$(万元)

  B. $(85+85×5\%)÷(1-15\%)×13\%=13.65$(万元)

  C. $85×13\%=11.05$(万元)

  D. $(85+85×5\%)×13\%=11.6$(万元)

二、多项选择题

1. 下列选项中,属于进口货物的征税范围的有(   )。

  A. 从国外进口的设备   B. 国外捐赠的货物

  C. 企业出口的设备   D. 我国已出口而转销国内的货物

2. 下列选项中,属于进口货物增值税征收范围的有(   )。

  A. A公司从国外进口先进自动化设备一套

  B. 某公益社团接受国际组织无偿援助进口物资一批

  C. 张某委托新西兰亲属邮寄进境 5 罐奶粉自用

  D. 某贸易公司进口圣诞树等节庆物资一批,商品标识注明"made in China"(中国制造)

3. 下列选项中,属于进口货物的纳税义务人的有(   )。

  A. 进口货物的收货人   B. 办理报关手续的单位

  C. 出口货物的发货人   D. 进口货物的代理人

4. 下列选项中,属于进口货物的适用税率的有(   )。

  A. 3%   B. 5%   C. 13%   D. 9%

5. 下列选项中,关于进口货物计算增值税组成计税价格的计算公式正确的有(   )。

  A. 组成计税价格=关税完税价格+关税+消费税

  B. 组成计税价格=关税完税价格+关税-消费税

  C. 组成计税价格=(关税完税价格+关税)÷(1-消费税税率)

D. 组成计税价格＝(关税完税价格＋关税)÷(1＋消费税税率)

三、判断题

1. 进口环节按组价公式直接计算出的是应纳税额,其在进口环节不能抵扣任何境外税款。
（　　）
2. 进口货物增值税的组成计税价格包括已纳关税税额,不包括已纳消费税税额。（　　）
3. 一般贸易下,进口货物将以海关审定的成交价格为基础的离岸价格作为关税完税价格。
（　　）
4. 对代理进口货物,以海关开具的完税凭证的纳税人为增值税纳税人。（　　）

四、业务题

1. 甲企业为增值税小规模纳税人,202×年5月进口一批货物,买价为70 000元,支付境外运抵我国海关境内输入地点起卸前的运输费及保险费5 000元。海关开具了进口增值税专用缴款书,甲企业缴纳进口环节税金后海关放行。（假定该批货物关税税率为15%。）

   要求:(1) 计算关税完税价格及应纳关税税额。
   (2) 计算进口环节应纳增值税的组成计税价格。
   (3) 计算进口环节应缴纳增值税的税额。

2. 某市日化厂为增值税一般纳税人,8月进口一批高档化妆品,买价为85万元,境外运费及保险费共计5万元,海关于8月15日开具了完税凭证,日化厂缴纳进口环节税金后海关放行。已知关税税率为10%,消费税税率为15%,增值税税率13%。

   要求:(1) 计算该厂关税完税价格及应纳关税税额。
   (2) 计算该厂进口环节应纳增值税的组成计税价格。
   (3) 计算该厂进口环节应缴纳的增值税税额。

3. 某企业是增值税一般纳税人。202×年1月从国外进口实木地板一批,海关审定的完税价格为100万元,已知该批实木地板关税税率为10%,消费税税率为5%,该企业适用的增值税税率为13%,货物报关后企业向海关缴纳了进口环节相关税金,并取得了海关完税凭证。

要求:(1) 计算该企业进口环节应纳增值税的组成计税价格。

(2) 计算该企业进口环节应缴纳的增值税税额。

4. 某贸易公司某年8月进口货物一批,该批货物在国外的买价为400万元。该批货物运抵我国海关前发生的包装费、运费、保险费等共计50万元。货物报送后,该公司按规定缴纳了进口环节的税金并取得海关开具的完税凭证。假定该批货物在国内全部销售,取得不含税销售额900万元,该货物关税税率15%,增值税税率13%。

要求:(1) 计算该公司关税的完税价格及应纳关税税额。

(2) 计算该公司进口环节应纳增值税的组成计税价格。

(3) 计算该公司进口环节应缴纳增值税的税额。

(4) 计算该公司在国内销售环节的销项税额。

(5) 计算该公司在国内销售环节应缴纳增值税税额。

【知识点12】 税收优惠

一、单项选择题

1. 根据《中华人民共和国增值税暂行条例》的规定,免征增值税的是(   )。

   A. 销售农药化肥   B. 销售电子出版物

   C. 提供缝纫服务   D. 销售古旧图书

2. 在下列一般纳税人销售的货物或者应税劳务中,适用免税规定的是(　　)。
    A. 农产品	B. 避孕药品
    C. 图书	D. 自己使用过的汽车
3. 下列各项中,免征增值税的是(　　)。
    A. 农业生产者销售外购农产品	B. 销售避孕药品
    C. 企业销售使用过的机器设备	D. 外国企业无偿援助的进口物资
4. 下列各项中,属于免税项目的是(　　)。
    A. 超市销售保健品	B. 外贸公司进口供残疾人专用的物品
    C. 商场销售儿童玩具	D. 外国政府无偿援助的进口物资
5. 下列各项中,免征增值税的是(　　)。
    A. 商店销售糖果	B. 木材加工厂销售原木
    C. 粮店销售面粉	D. 农民销售自产粮食
6. 下列各项中,不属于免税项目的是(　　)。
    A. 养老机构提供的养老服务	B. 装修公司提供的装饰服务
    C. 婚介所提供的婚姻介绍服务	D. 托儿所提供的保育服务
7. 下列各项中,属于免税项目的是(　　)。
    A. 养老机构提供的养老服务	B. 装修公司提供的装饰服务
    C. 企业转让著作权	D. 福利彩票的代销手续费收入
8. 根据增值税法律制度的规定,纳税人销售货物或者应税劳务适用免税规定的,可以放弃免税,但放弃免税后,一定期限内不得再申请免税。该期限为(　　)个月。
    A. 42	B. 36	C. 60	D. 48
9. 根据增值税的规定,下列各项免征增值税的是(　　)。
    A. 超市销售蔬菜罐头	B. 农业生产者销售自产的水果
    C. 商场销售的水产品罐头	D. 销售宠物饲料

二、多项选择题
1. 根据增值税法律制度的规定,下列各项中,属于增值税免税项目的有(　　)。
    A. 药店销售的避孕药品	B. 农民销售的自产农产品
    C. 残疾人个人提供广告服务	D. 航空公司提供飞机播洒农药服务
2. 根据"营改增"试点实施办法的规定,下列各项中,免征增值税的有(　　)。
    A. 残疾人员个人为社会提供的劳务
    B. 境内保险机构为出口货物提供的保险产品
    C. 宗教场所举办宗教活动的门票收入
    D. 残疾人福利机构提供的育养服务
3. 根据增值税法律制度的规定,下列各项中,免征增值税的有(　　)。
    A. 托儿所提供的保育服务	B. 养老机构提供的养老服务
    C. 学生勤工俭学提供的服务	D. 个人销售自建自用住房

4. 下列各项业务中,免征增值税的有(　　)。
   A. 外国政府、国际组织无偿援助的进口物资和设备
   B. 自然人销售自己使用过的物品
   C. 由残疾人组织直接进口供残疾人专用的物品
   D. 销售自行开发生产的软件产品
5. 根据增值税法律制度的规定,纳税人提供的下列服务,享受增值税免税优惠的有(　　)。
   A. 病虫害防治　　　　　　　　　　B. 金融同业往来利息
   C. 学生勤工俭学提供的服务　　　　D. 提供学历教育的学校收取的赞助费
6. 下列各项中,属于增值税免税项目的有(　　)。
   A. 除个体工商户以外的其他个人销售自己使用过的物品
   B. 古旧图书
   C. 直接用于科学研究的进口设备
   D. 农业生产者销售的自产农产品
7. 下列服务中,免征增值税的有(　　)。
   A. 学生勤工俭学提供的服务　　　　B. 火葬场提供的殡葬服务
   C. 残疾人福利机构提供的育养服务　D. 婚姻介绍所提供的婚姻介绍服务
8. 下列关于增值税起征点幅度的表述中,不正确的有(　　)。
   A. 按期纳税的,为月销售额 5 000～20 000 元
   B. 按期纳税的,为月销售额 2 000～10 000 元
   C. 按次纳税的,为每次(日)销售额 200～500 元
   D. 按次纳税的,为每次(日)销售额 300～500 元

三、判断题

1. 商贸企业进口的供残疾人专用的物品,免征增值税。　　　　　　　　　　(　　)
2. 根据增值税法律制度的规定,纳税人兼营免税、减税项目的,应当分别核算免税、减税项目的销售额;未分别核算销售额的,由税务机关确定减税、免税销售额。(　　)
3. 个人将购买 2 年以上(含 2 年)的住房对外销售的,免征增值税。　　　　(　　)
4. 福利彩票、体育彩票的发行收入免征增值税。　　　　　　　　　　　　　(　　)
5. 将土地使用权转让给农业生产者用于农业生产,免征增值税。　　　　　　(　　)
6. 纳税人提供技术转让、技术开发和与之相关的技术咨询、技术服务,免征增值税。(　　)
7. 保险公司开办的一年期以上人身保险产品取得的保费收入,免征增值税。　(　　)

【知识点 13】 征收管理——纳税义务发生时间

一、单项选择题

1. 下列关于增值税纳税义务发生时间的表述,错误的是(　　)。
   A. 采取直接收款方式销售货物,不论货物是否发出,均为收到销售款或取得索取销售

款凭据的当天

  B. 采取托收承付或委托银行收款方式销售货物,为收到货款的当天

  C. 销售应税劳务,为提供劳务同时收讫销售款或者取得索取销售款的凭据的当天

  D. 采取预收货款方式销售货物,为货物发出的当天

2. 纳税人采取托收承付和委托银行收款方式销售货物的,其纳税义务的发生时间为(   )。

  A. 货物发出的当天   B. 合同约定的收款日期的当天

  C. 收到销货款的当天   D. 发出货物并办妥托收手续的当天

3. 下列关于增值税纳税义务发生时间的表述中,不正确的是(   )。

  A. 纳税人采取预收货款结算方式销售货物的,为收到预收款的当天

  B. 纳税人采取赊销方式销售货物的,为书面合同约定的收款日期的当天

  C. 纳税人发生视同销售货物行为,为货物移送的当天

  D. 纳税人进口货物,为报关进口的当天

4. 下列关于增值税纳税义务发生时间的表述中,正确的是(   )。

  A. 委托他人代销货物的,为货物发出的当天

  B. 从事金融商品转让的,为金融商品所有权转移的当天

  C. 采用预收货款方式销售货物,货物生产工期不超过12个月的,为收到预收款的当天

  D. 采取直接收款方式销售货物的,为货物发出的当天

5. 下列关于增值税纳税义务发生时间的表述中,不正确的是(   )。

  A. 进口货物的,为报关进口的当天

  B. 从事金融商品转让的,为金融商品所有权转移的当天

  C. 采取托收承付和委托银行收款方式销售货物的,为收到银行款项的当天

  D. 提供租赁服务采取预收款方式的,为收到预收款的当天

6. 委托其他纳税人代销货物,增值税纳税专用发票开具时间为收到代销单位销售的代销清单或者收到全部或者部分货款的当天。未收到代销清单及货物的,为发出代销货物满(   )天的当天。

  A. 150   B. 210   C. 90   D. 180

二、多项选择题

1. 下列关于增值税纳税人纳税义务发生时间的表述中,正确的有(   )。

  A. 委托其他纳税人代销货物,在收到代销清单以前收到货款的,为收到代销单位销售的代销清单的当天

  B. 委托其他纳税人代销货物,在收到代销清单以前收到货款的,为收到货款的当天

  C. 委托其他纳税人代销货物,对发出代销商品超过180天仍未收到代销清单及货款的,为收到代销单位销售的代销清单的当天

  D. 委托其他纳税人代销货物,对发出代销商品超过180天仍未收到代销清单及货款的,为发出代销商品满180天的当天

2. 下列关于增值税纳税义务发生时间的说法中,不正确的有(　　)。
   A. 销售应税劳务,为提供劳务同时收讫销售额或取得索取销售额的凭据的当天
   B. 采取预收货款方式销售货物,为收到预收款的当天
   C. 采取委托银行收款方式销售货物,为发出货物并办妥托收手续的当天
   D. 进口货物,为货物验收入库的当天

3. 下列关于增值税纳税义务发生时间的说法中,正确的有(　　)。
   A. 采取托收承付销售货物,为发出货物并办妥托收手续的当天
   B. 纳税人发生视同销售货物中法律规定的特定行为的,为对方收到货物的当天
   C. 进口货物,为报关进口的当天
   D. 采取赊销和分期收款方式销售货物,为按合同约定的收款日期的当天

4. 下列关于增值税纳税义务发生时间的表述中,正确的有(　　)。
   A. 采取托收承付方式销售货物,为办妥托收手续的当天
   B. 采取分期收款方式销售货物,为书面合同约定的收款日期的当天
   C. 采取预收款方式租赁有形动产,为收到预收款的当天
   D. 委托他人代销货物,为收到代销清单或者收到全部或部分货款的当天

5. 下列关于增值税纳税义务发生时间的表述中,正确的有(　　)。
   A. 纳税人提供租赁服务采取预收款方式的,纳税义务发生时间为收到预收款的当天
   B. 纳税人从事金融商品转让的,为金融商品所有权转移的当天
   C. 纳税人提供租赁服务采取预收款方式的,纳税义务发生时间为出租不动产的当天
   D. 纳税人发生视同转让不动产情形的,纳税义务发生时间为不动产权属变更的当天

三、判断题

1. 增值税扣缴义务发生时间为纳税人支付货款的当天。(　　)
2. 纳税人销售货物或者应税劳务,先开具发票的,其增值税纳税义务发生时间为实际收到款项的当天。(　　)
3. 纳税人委托其他纳税人代销货物的,其增值税纳税义务的发生时间为发出代销货物的当天。(　　)
4. 纳税人发生视同销售货物中法律规定的特定行为的,其纳税义务发生时间为货物移送的当天。(　　)
5. 采取委托银行收款方式销售货物时,增值税纳税义务发生时间是银行收到货款的当天。(　　)

【知识点14】 征收管理——纳税地点、纳税期限

一、单项选择题

1. 根据增值税的规定,纳税人以1个月或者1个季度为1个纳税期的,自期满之日起(　　)日内申报纳税。
   A. 10　　　　　　B. 5　　　　　　C. 15　　　　　　D. 7

2. 根据《中华人民共和国增值税暂行条例》规定,增值税纳税期限分别为( )。
   A. 15 日、1 个月或者 1 个季度
   B. 5 日、10 日、15 日、1 个月或者 1 个季度
   C. 1 日、3 日、5 日、10 日、15 日、1 个月或者 1 个季度
   D. 1 日、3 日、5 日、10 日、15 日或者 1 个月

3. 北京 A 市民将其在承德市的一块土地使用权转让给石家庄市的 B 公司。双方已经办理了相关过户手续。A 市民增值税纳税申报的地点应当是( )。
   A. 石家庄市　　　B. 承德市　　　C. 天津市　　　D. 北京市

4. 纳税人(企业)销售不动产,其申报缴纳增值税的地点是( )。
   A. 纳税人居住地　　　　　　　　B. 不动产所在地
   C. 纳税人机构所在地　　　　　　D. 销售不动产行为发生地

5. 下列关于固定业户外出经营,其纳税地点的说法中,不正确的是( )。
   A. 未向销售地或者劳务发生地的主管税务机关申报纳税的,由其机构所在地的主管税务机关补征税款
   B. 未报告外出经营事项的,应当向销售地或者劳务发生地的主管税务机关申报纳税
   C. 未向其机构所在地的主管税务机关申报纳税的,由销售地或者劳务发生地的主管税务机关补征税款
   D. 应当向其机构所在地的主管税务机关报告外出经营事项,并向其机构所在地的主管税务机关申报纳税

二、多项选择题

1. 根据增值税的规定,下列关于纳税期限的说法中,正确的有( )。
   A. 增值税的纳税期限分别为 5 日、10 日、15 日、1 个月或者 1 个季度
   B. 纳税人不能按照固定期限纳税的,可以按次纳税
   C. 纳税人以 1 个月或者 1 个季度为一个纳税期的,自期满之日起 15 日内申报纳税
   D. 纳税人以 5 日、10 日或者 15 日为一个纳税期的,自期满之日起 5 日内预缴税款,于次月 1 日起 15 日内申报纳税并结清上月应纳税款

2. 下列关于增值税纳税地点的表述中,正确的有( )。
   A. 非固定业户销售货物或者应税劳务,未向销售地或者劳务发生地的主管税务机关申报纳税的,由其机构所在地或者居住地的主管税务机关补征税款
   B. 扣缴义务人应当向其机构所在地或者居住地的主管税务机关申报缴纳其扣缴的税款
   C. 进口货物,应当向报关地海关申报纳税
   D. 固定业户未报告外出经营事项的,应当向销售地或者劳务发生地的主管税务机关申报纳税

3. 根据增值税法律制度的规定,下列关于增值税纳税地点的表述中,正确的有( )。
   A. 其他个人提供建筑服务,应向建筑服务发生地申报纳税

B. 纳税人跨县(市)提供建筑服务,在建筑服务发生地纳税申报

C. 纳税人出租不动产,在不动产所在地预缴税款后,向机构所在地主管税务机关进行纳税申报

D. 其他个人销售不动产,应向不动产所在地主管税务机关申报纳税

4. 下列关于固定业户纳税地点的表述中,不正确的有( )。

   A. 销售商标使用权,应当向商标使用权购买方所在地税务机关申报纳税

   B. 销售采矿权,应当向矿产所在地税务机关申报纳税

   C. 销售设计服务,应当向设计服务发生地税务机关申报纳税

   D. 销售广告服务,应当向机构所在地税务机关申报纳税

三、判断题

1. 增值税的纳税期限分别为 1 日、3 日、5 日、10 日、20 日、1 个月或者 1 个季度。( )

2. 纳税人进口货物,应当自海关填发海关进口增值税专用缴款书之日起 20 日内缴纳税款。( )

3. 增值税非固定业户销售货物或者应税劳务,应当向销售地或劳务发生地的主管税务机关申报纳税,进口货物应当向报关地海关申报纳税。( )

4. 根据增值税的规定,非固定业户销售货物或者应税劳务,未向销售地或者劳务发生地的主管税务机关申报纳税的,由其机构所在地或者居住地的主管税务机关补征税款。( )

5. 根据增值税法律制度的规定,固定业户应当向其机构所在地的主管税务机关申报纳税,如总机构和分支机构不在同一县(市),则应由总机构汇总向总机构所在地的主管税务机关申报纳税。( )

【知识点 15】 增值税专用发票的使用与管理

一、单项选择题

1. 将货物交付他人代销,开具增值税专用发票的时间为( )。

   A. 收到货款的当天
   B. 合同约定的收款日期当天
   C. 收到受托人送交的代销清单的当天
   D. 货物移送当天

2. 企业不得领购开具增值税专用发票的法定情形有( )。

   A. 发生借用他人增值税专用发票的违法行为,在税务机关规定的期限内已改正的

   B. 会计核算不健全,不能准确提供增值税进项税额、销项税额、应纳税额等资料的

   C. 发生私自印制增值税专用发票的违法行为,在税务机关规定的期限内已改正的

   D. 发生未按规定保管增值税专用发票的违法行为,在税务机关规定的期限内已改正的

3. 根据《增值税专用发票使用规定》,一般纳税人的下列销售行为中,应开具增值税专用发票的是( )。

   A. 向消费者个人销售应税货物
   B. 向小规模纳税人转让专利权
   C. 销售免税货物
   D. 向一般纳税人销售应税货物

4. 增值税专用发票最高开票限额的审批机关是( )。

A. 国家税务总局 B. 省级税务机关
C. 地级税务机关 D. 区县级税务机关

5. 下列关于增值税专用发票记账联用途的表述中,正确的是( )。
   A. 作为购买方报送税务机关认证和留存备查的扣税凭证
   B. 作为销售方核算销售收入和增值税销项税额的记账凭证
   C. 作为购买方核算采购成本的记账凭证
   D. 作为购买方核算增值税进项税额的记账凭证

6. 下列一般纳税人发生的行为中,可以开具增值税专用发票的是( )。
   A. 律师事务所向消费者个人提供咨询服务 B. 生产企业向一般纳税人销售货物
   C. 商业企业向消费者个人零售食品 D. 书店向消费者个人销售图书

7. 一般纳税人发生的下列业务中,允许开具增值税专用发票的是( )。
   A. 房地产开发企业向消费者个人销售房屋
   B. 百货公司向小规模纳税人零售食品
   C. 超市向消费者个人销售红酒
   D. 住宿业小规模纳税人向一般纳税人提供住宿服务

二、多项选择题

1. 下列各项中,属于增值税专用发票基本联次的有( )。
   A. 发票联 B. 抵扣联 C. 存根联 D. 记账联

2. 下列有关增值税专用发票的开具时限的规定中,正确的有( )。
   A. 采用预收货款、托收承付、委托银行收款结算方式的,为货物发出的第二天
   B. 采用交款提货结算方式的,为收到货款的当天
   C. 采用赊销、分期付款结算方式的,为合同约定的收款日期的当天
   D. 将货物交付他人代销,为收到受托人送交的代销清单的当天

3. 不得领购使用增值税专用发票的单位或个人有( )。
   A. 年应税销售额超过小规模纳税人标准的个人
   B. 一般纳税人有私自印刷专用发票行为,税务机关责令限期改正而仍未改正的
   C. 销售货物全部属于免税项目的
   D. 年应税销售额在 500 万元以下的商品批发企业

4. 一般纳税人不得领购使用专用发票的有( )。
   A. 有《税收征管法》规定的税收违法行为,拒不接受税务机关处理的
   B. 未按规定保管专用发票,经责令改正仍未改正者
   C. 一般纳税人经营商业批发烟、酒、食品等
   D. 会计核算不健全

5. 下列各项关于发票开具要求的表述中,正确的有( )。
   A. 未发生经营业务一律不得开具发票
   B. 发票联和抵扣联盖单位财务印章或发票专用章

C. 填写发票可使用外文

D. 可自行拆本使用发票

6. 一般纳税人销售货物不得开具增值税专用发票的有（　　）。

A. 零售劳保专用品 　　　　　　　　B. 向消费者个人销售货物

C. 批发计生用品 　　　　　　　　　D. 销售非自用二手车

三、判断题

1. 增值税一般纳税人不得开具使用普通发票。（　　）

2. 增值税专用发票的基本联次主要有存根联、抵扣联、发票联三联。（　　）

3. 一般纳税人必须按所规定的时限开具增值税专用发票，不得滞后，但可以提前。（　　）

4. 一般纳税人会计核算不健全，或者不能够提供准确税务资料的，应当按照销售额和增值税税率计算应纳税额，不得抵扣进项税额，但可以使用增值税专用发票。（　　）

5. 商业企业一般纳税人零售的烟、酒、食品、服装、鞋帽（不包括劳保专用部分）、化妆品等消费品可以开具专用发票。（　　）

第三章　消费税

【知识点1】纳税义务人、税目与税率

一、单项选择题

1. 根据消费税法律制度的规定,下列不属于消费税征收范围的是(　　)。
   A. 啤酒　　　　　B. 实木地板　　　　C. 电脑　　　　D. 电池

2. 下列消费品中,征收消费税的是(　　)。
   A. 普通化妆品　　　　　　　　　B. 雪地车
   C. 高尔夫球杆　　　　　　　　　D. 农用拖拉机专用轮胎

3. 根据消费税相关法律制度的规定,下列各项中,属于消费税征税范围的是(　　)。
   A. 中轻型商用客车　　　　　　　B. 大型商用客车
   C. 货车　　　　　　　　　　　　D. 拖拉机

4. 下列各项中,应征收消费税的是(　　)。
   A. 超市零售白酒　　　　　　　　B. 汽车厂销售自产电动汽车
   C. 地板厂销售自产实木地板　　　D. 百货公司零售高档化妆品

5. 下列项目中,应征收消费税的是(　　)。
   A. 啤酒屋销售自制啤酒　　　　　B. 日杂商店出售的鞭炮、焰火
   C. 企业购进货车　　　　　　　　D. 销售使用过的小轿车

6. 下列属于消费税征税范围的是(　　)。
   A. 燃料油　　　　　　　　　　　B. 化妆用的上妆油
   C. 竹制一次性筷子　　　　　　　D. 电动汽车

7. 下列消费品中,征收消费税的是(　　)。
   A. 鞭炮药引线　　B. 葡萄酒　　C. 竹制一次性筷子　　D. 雪地车

8. 根据消费税法律制度的规定,下列各项中,仅在零售环节征收消费税的是(　　)。
   A. 超豪华小汽车　　B. 游艇　　C. 钻石首饰　　D. 高档手表

9. 下列单位中,不属于消费税纳税人的是(　　)。
   A. 生产销售应税消费品(金银首饰除外)的单位
   B. 委托加工应税消费品的单位
   C. 进口应税消费品的单位
   D. 受托加工应税消费品(非金银首饰)的单位

10. 依据消费税相关法律制度的规定,下列行为中,应缴纳消费税的是(　　)。
    A. 进口卷烟　　B. 进口服装　　C. 零售实木地板　　D. 零售白酒

11. 依据消费税的有关规定,下列消费品中,属于消费税征税范围的是(　　)。
    A. 高尔夫球包　　　　　　　　　C. 普通护肤护发品
    B. 竹制筷子　　　　　　　　　　D. 电动汽车
12. 根据消费税法律制度规定,下列各项中,既要缴纳增值税又要缴纳消费税的是(　　)。
    A. 商场销售卷烟　　　　　　　　C. 商场销售金银首饰
    B. 商场销售白酒　　　　　　　　D. 商场销售高档化妆品
13. 根据消费税法律制度的规定,下列各项中,属于消费税征税范围的是(　　)。
    A. 高档手机　　B. 实木地板　　C. 实木书橱　　D. 高档旗袍

二、多项选择题

1. 根据消费税相关法律制度的规定,下列各项中,属于消费税征税范围的有(　　)。
   A. 电动汽车　　B. 汽油　　　　C. 烟丝　　　　D. 啤酒
2. 根据消费税相关法律制度的规定,下列应税消费品中,实行从量定额计征消费税的有(　　)。
   A. 涂料　　　　B. 柴油　　　　C. 电池　　　　D. 黄酒
3. 属于消费税的征税范围的有(　　)。
   A. 白酒　　　　B. 调味料酒　　C. 葡萄酒　　　D. 啤酒
4. 根据消费税相关法律制度的规定,下列各项中,属于消费税征税范围的有(　　)。
   A. 气缸容量为200毫升的摩托车　　B. 组合烟花
   C. 燃料电池　　　　　　　　　　　D. 未经涂饰的素板
5. 下列关于消费税纳税人的说法中,正确的有(　　)。
   A. 零售金银首饰的纳税人是消费者
   B. 委托加工高档化妆品的纳税人是受托加工企业
   C. 携带卷烟入境的纳税人是携带者
   D. 邮寄入境高档手表的纳税人是收件人
6. 以下不属于消费税"其他酒"税目的有(　　)。
   A. 葡萄酒　　　B. 果汁啤酒　　C. 调味料酒　　D. 食用酒精

三、判断题

1. 白酒、啤酒和黄酒均采用比例税率和定额税率的复合式税率计征消费税。(　　)
2. 竹制一次性筷子属于消费税征税范围。(　　)
3. 凡征收增值税的商品均征收消费税,凡征收消费税的消费品均征收增值税。(　　)

【知识点2】 计税依据

一、单项选择题

1. 根据消费税相关法律制度的规定,下列消费品中,实行从价定率和从量定额相结合的复合计征办法征收消费税的是(　　)。
   A. 啤酒　　　　B. 汽油　　　　C. 卷烟　　　　D. 高档手表

2. 根据消费税相关法律制度规定,下列选项中采用从量计征的是( )。
   A. 啤酒　　　　　B. 红酒　　　　　C. 白酒　　　　　D. 葡萄酒
3. 实行从价定额计征消费税的有( )。
   A. 汽油　　　　　B. 烟丝　　　　　C. 啤酒　　　　　D. 白酒
4. 下列各项中,进口时从量计征消费税的是( )。
   A. 葡萄酒　　　　B. 啤酒　　　　　C. 小汽车　　　　D. 摄像机
5. 纳税人销售应税消费品向购买方收取的下列各项费用中,不应计入销售额征收消费税的是( )。
   A. 返还利润
   B. 违约金
   C. 品牌使用费
   D. 承运部门的运费发票开给购买方且由销售方转交给购买方的运输费用
6. 纳税人采取以旧换新方式销售金银首饰,应按照( )确定销售额。
   A. 旧金银首饰的同期销售价格　　　　B. 新金银首饰的同期销售价格
   C. 新金银首饰与旧金银首饰价格的差额　D. 组成计税价格
7. 某高尔夫球具厂为增值税一般纳税人,其下设一非独立核算的门市部。202×年1月该厂将生产的一批成本价为70万元的高尔夫球具移送至门市部,门市部将其中的80%对外销售,取得含税销售额74.58万元。高尔夫球具的消费税税率为10%,成本利润率为10%,该项业务的计税销售额为( )万元。
   A. 70　　　　　　B. 66　　　　　　C. 52.8　　　　　D. 59.66
8. 根据消费税相关法律制度的规定,下列关于从量计征销售数量确定的表述中,不正确的是( )。
   A. 委托加工应税消费品的,为纳税人收回的应税消费品数量
   B. 进口应税消费品的,为海关核定的应税消费品进口征税数量
   C. 生产销售应税消费品的,为应税消费品的生产数量
   D. 自产自用应税消费品的,为应税消费品的移送使用数量
9. 现行消费税的计税依据,是( )。
   A. 含消费税而不含增值税的销售额　　　B. 含消费税且含增值税的销售额
   C. 不含消费税而含增值税的销售额　　　D. 不含消费税也不含增值税的销售额
10. 202×年7月甲药酒厂生产240吨药酒,销售140吨,取得不含增值税销售额1 000万元,增值税税额为130万元。甲药酒厂当月销售药酒的消费税计税依据为( )。
    A. 1 000万元　　　　　　　　　　　B. 1 130万元
    C. 240吨　　　　　　　　　　　　　D. 140吨
11. 根据消费税相关法律制度的规定,下列各项中,应以纳税人同类应税消费品的最高销售价格作为计税依据计征消费税的是( )。
    A. 用于无偿赠送的应税消费品

B. 用于集体福利的应税消费品

C. 用于换取生产资料的应税消费品

D. 用于连续生产非应税消费品的应税消费品

二、多项选择题

1. 纳税人销售应税消费品收取的下列款项,应计入消费税计税依据的有(　　)。
   A. 集资款
   B. 增值税销项税额
   C. 未逾期的啤酒包装物押金
   D. 白酒品牌使用费

2. 纳税人销售应税消费品向购买方收取的下列各项费用,应计入销售额征收消费税的有(　　)。
   A. 手续费
   B. 优质费
   C. 储备费
   D. 违约金

3. 某汽车制造企业的下列经济业务中,应按最高售价计算消费税的有(　　)。
   A. 将自产轿车对外投资
   B. 将自产轿车用于办公
   C. 将自产轿车交换钢材
   D. 将进口汽车配件对外偿债

4. 企业生产、销售白酒所取得的下列款项中,应并入销售额计征消费税的有(　　)。
   A. 优质费
   B. 延期付款利息
   C. 增值税
   D. 包装物押金

三、判断题

1. 包装物押金属于价外费用,应一并计入销售额计算缴纳消费税。(　　)
2. 委托加工应税消费品的,消费税计征依据为纳税人发出的委托加工数量。(　　)
3. 符合条件代为收取的政府性基金不包括在销售额内。(　　)
4. 实行从价计征征收消费税的应税消费品连同包装销售的,无论包装物是否单独计价以及在会计上如何核算,均应并入应税消费品的销售额中缴纳消费税。(　　)

【知识点3】 生产销售环节应纳税额的计算

一、单项选择题

1. 202×年3月,某化妆品厂将自产的高档化妆品用作职工福利,高档化妆品的成本共计15 000元,该高档化妆品无同类产品市场销售价格,已知其成本利润率为10%,高档化妆品消费税税率为15%。则该批高档化妆品应缴纳的消费税税额为(　　)元。
   A. 2 500.15
   B. 2 911.76
   C. 2 912
   D. 3 450

2. 甲啤酒厂202×年销售啤酒1 500吨,取得不含税销售额265万元,增值税税款34.45万元,另收取包装物押金28.25万元,下列计算甲啤酒厂202×年销售啤酒应缴纳消费税税额的算式中,正确的是(　　)。
   A. 220×1 500＝330 000(元)
   B. 250×1 500＝375 000(元)
   C. 240×1 500＝360 000(元)
   D. 210×1 500＝315 000(元)

3. 甲地板厂为增值税一般纳税人,202×年10月销售自产实木地板取得含增值税的销售额110.2万元。已知实木地板增值税税率为13%,消费税税率为5%。下列计算甲地板厂当月该业务应缴纳消费税税额的算式中,正确的是(　　)。

   A. 110.2÷(1+13%)×5%=4.88(万元)

   B. 110.2÷(1-5%)×5%=5.8(万元)

   C. 110.2×5%=5.51(万元)

   D. 110.2÷(1+13%)÷(1-5%)×5%=5.13(万元)

4. 某化妆品厂销售高档化妆品取得含税收入46.4万元,收取手续费1.5万元,另收取包装物押金1万元。已知,增值税税率为13%,消费税税率为15%。下列计算该化妆品厂本月应缴纳的消费税税额的算式中,正确的是(　　)。

   A. 46.4×15%=6.96(万元)

   B. 46.4÷(1+13%)×15%=6.16(万元)

   C. (46.4+1.5)÷(1+13%)×15%=6.36(万元)

   D. (46.4+1.5+1)÷(1+13%)×15%=6.49(万元)

5. 202×年8月甲化妆品厂将一批自产的新型高档化妆品作为福利发放给员工,该批高档化妆品的生产成本为34 000元,同类高档化妆品不含税销售价格为36 000元。已知高档化妆品消费税税率为15%,成本利润率为5%。下列计算甲化妆品厂当月该笔业务应缴纳消费税税额的算式中,正确的是(　　)。

   A. 34 000×(1+5%)÷(1-15%)×15%=6 300(元)

   B. 34 000÷(1-15%)×15%=6 000(元)

   C. 36 000×15%=5 400(元)

   D. 34 000×(1+5%)×15%=5 355(元)

6. 某啤酒厂为增值税一般纳税人,202×年2月份销售其生产的甲类啤酒200吨,每吨啤酒价税合计销售额为3 503元,另每吨啤酒收取包装物押金226元,当月包装物押金未逾期。则该业务应缴纳的消费税税额为(　　)元。

   A. 44 000　　　　B. 50 000　　　　C. 88 000　　　　D. 100 000

7. 某酒厂为增值税一般纳税人,202×年2月生产白酒共300千克,当月共销售200千克,每千克售价为400元(不含增值税);销售白酒的同时向购货方价外收取了品牌使用费1 100元、包装物押金260元。已知白酒消费税税率为20%加0.5元/500克。则该酒厂当月应缴纳消费税税额(　　)元。

   A. 16 240　　　　　　　　　　　　B. 16 440.71

   C. 16 480.8　　　　　　　　　　　D. 24 540

8. 某企业将生产的100套成套高档化妆品作为奖励发给本厂职工,该成套化妆品无同类产品销售价格,其生产成本为每套350元。国家税务总局核定的该产品的成本利润率为5%,已知高档化妆品税率为15%。则该业务应缴纳消费税税额为(　　)元。

   A. 10 500　　　　B. 6 025　　　　C. 5 000　　　　D. 6 485.29

9. 202×年8月甲汽车厂将一辆生产成本8万元的自产小汽车用于抵偿债务,同型号小汽车不含增值税平均售价为10.8万元/辆、最高售价为12万元/辆、最低售价为9.5万元/辆。已知小汽车消费税税率为5%。下列计算甲汽车厂当月该笔业务应缴纳消费税税额的算式中,正确的是(   )。

   A. 12×5%=0.6(万元)
   B. 9.5×5%=0.475(万元)
   C. 10.8×5%=0.54(万元)
   D. 8×5%=0.4(万元)

10. 甲酒厂为增值税一般纳税人,202×年8月销售果木酒,取得不含增值税销售额10万元,同时收取包装费0.565万元、优质费2.26万元。已知果木酒消费税税率为10%,增值税税率为13%。下列计算甲酒厂当月销售果木酒应缴纳的消费税税额的算式中,正确的是(   )。

   A. (10+0.565+2.26)×10%=1.28(万元)
   B. [10+(0.565+2.26)÷(1+13%)]×10%=1.25(万元)
   C. (10+0.565)×10%=1.06(万元)
   D. [10+0.565×(1+13%)]×10%=1.05(万元)

11. 自产自用的、应当使用复合税率缴纳消费税的应税消费品的组成计税价格公式是(   )。

   A. (成本+利润+自产自用数量×定额税率)÷(1+消费税税率)
   B. (成本+利润)÷(1+消费税税率)
   C. (完税价格+关税)÷(1−消费税税率)
   D. (成本+利润+自产自用数量×定额税率)÷(1−消费税税率)

二、多项选择题

1. 纳税人生产的应税消费品,于纳税人销售时纳税。销售是指有偿转让应税消费品的所有权。这里的有偿是指从购买方取得(   )。

   A. 货币
   B. 货物
   C. 其他经济利益
   D. 以上三项都对

2. 纳税人用于(   )等方面的应税消费品,应当以纳税人同类应税消费品的最高销售价格作为计税依据计算消费税。

   A. 换取生产资料
   B. 换取消费资料
   C. 投资入股
   D. 抵偿债务

三、判断题

1. 纳税人自产自用的应税消费品,用于连续生产应税消费品的,不纳税。(   )

2. 同类消费品的销售价格,是指纳税人当月销售的同类消费品的销售价格,如果当月同类消费品各期销售价格高低不同,应按销售数量加权平均计算。(   )

四、业务题

1. 某化妆品公司把一批自产高档化妆品用于职工福利,其成本为8万元,消费税税率为15%,消费税成本利润率为5%。

要求：计算该公司自产自用行为应缴纳的消费税税额。

2. 某化妆品厂3月销售一批高档化妆品，适用消费税税率为15%，不含税价款为100万元，货款已收到，货物已经发出，增值税税率为13%，同时两个月前收取包装物押金22 600元，购销双方约定，两个月归还包装物并退还押金，但购货方违约逾期未归还包装物，化妆品厂没收了该押金。
要求：计算该化妆品厂应缴纳的消费税税额。

【知识点4】 委托加工环节应纳税额的计算

一、单项选择题

1. 甲企业委托乙企业加工一批实木地板，甲企业提供原材料的实际成本为7 000元，另支付乙企业加工费2 500元（不含税），其中包括乙企业代垫的辅助材料价款500元（不含税）。已知实木地板消费税税率为5%，乙企业无同类实木地板的销售价格。则该业务中，乙企业应代收代缴的消费税税额为（ ）元。
   A. 473.68　　　　　B. 475　　　　　C. 500　　　　　D. 550

2. 下列关于委托加工应税消费品的表述中，错误的是（ ）。
   A. 委托个体经营者加工应税消费品，于委托方收回后在委托方所在地缴纳消费税
   B. 委托加工的应税消费品，按照委托方的同类消费品的销售价格计算纳税
   C. 受托方应代收代缴委托方应缴纳的消费税，但不代收代缴委托方应缴纳的增值税
   D. 委托加工收回的已税消费品直接销售的，不再缴纳消费税。

3. 甲卷烟厂为增值税一般纳税人，202×年10月受托加工一批烟丝，委托方提供的烟叶成本为949 200元，甲卷烟厂收取含增值税加工费47 460元。已知，增值税税率为13%；消费税税率为30%；甲卷烟厂无同类烟丝销售价格。下列计算甲卷烟厂当月该笔业务

应代收代缴消费税税额的算式中,正确的是(　　)。

A. 949 200+47 460÷(1+13%)÷(1-30%)×30%=967 200(元)

B. [949 200+47 460÷(1+13%)]÷(1-30%)×30%=42 4800(元)

C. 949 200÷(1-30%)×30%=406 800(元)

D. (949 200+47 460)÷(1-30%)×30%=427 140(元)

4. 某化妆品厂受托加工一批高档化妆品,委托方提供原材料成本 30 000 元,化妆品厂收取加工费 10 000 元,该厂没有同类高档化妆品销售价格。该化妆品厂应代收代缴消费税税额(　　)元。(以上款项均不含增值税,高档化妆品消费税税率15%)

A. 7 058.82　　　　B. 7 941.18　　　　C. 20 142.86　　　　D. 20 250.00

5. 根据消费税相关法律制度的规定,下列关于委托加工环节消费税表述正确的是(　　)。

A. 委托加工应税消费品,受托方为个人的,由受托方在向委托方交货时代收代缴税款

B. 委托方将收回的应税消费品,委托方以不高于受托方的计税价格直接出售,不再缴纳消费税

C. 委托加工应税消费品,受托方为企业的,由委托方收回后缴纳

D. 委托方将收回的应税消费品,委托方以高于受托方计税价格出售的,不再缴纳消费税

6. 委托加工的消费品在收回时,受托方无同类消费品价格,委托方应纳消费税的组成计税价格为(　　)。

A.（材料成本+加工费）÷（1-消费税税率）　　B.（成本+利润）÷（1-消费税税率）

C.（材料成本+加工费）÷（1+消费税税率）　　D.（成本+利润）÷（1+消费税税率）

7. A建材商城将一批成本为18 144元的原木送往B实木地板厂,委托B实木地板厂为A加工特制木地板以用于销售,合同注明,A须支付B实木地板厂加工费含税金额7 910元,已知实木地板消费税税率5%。则A企业提货时被代收代缴的消费税税额为(　　)元。

A. 1 323.37　　　　B. 1 410.53　　　　C. 1 368.42　　　　D. 1 270.74

8. 某烟花厂受托加工一批鞭炮,委托方提供原材料成本 30 000 元,该厂收取加工费 10 000 元、代垫辅助材料款 5 000 元,没有同类鞭炮销售价格。该厂应代收代缴的消费税税额为(　　)元。(以上款项均不含增值税,鞭炮、焰火的消费税税率为15%)

A. 6 000　　　　B. 6 750　　　　C. 7 941.18　　　　D. 20 250

二、多项选择题

委托加工应税消费品消费税的组成计税价格,应包括的项目有(　　)。

A. 加工费用　　　　　　　　　　　　B. 委托方提供加工材料的实际成本

C. 受托方代垫辅助材料的实际成本　　D. 受托方代收代缴的消费税金

三、判断题

1. 企业受托加工应税消费品代收代缴的消费税,在采用组成计税价格计税时,组成计税价格应当是材料成本与加工费之和。(　　)

2. 委托加工应税消费品,是指受托方提供原料和主要材料,并收取加工费加工的应税消费品。（　　）

四、业务题

1. 远成公司为高尔夫球及球具生产厂家,202×年7月购进一批原材料A,取得的增值税专用发票上注明的价款为5 000元、增值税税款为650元,委托庆隆公司将其加工成20个高尔夫球包,支付加工费10 000元、增值税税款1 300元,取得庆隆公司开具的增值税专用发票;庆隆公司同类高尔夫球包不含税的销售价格为450元/个。远成公司收回时,庆隆公司代收代缴了消费税,已知消费税税率10%。

要求:计算庆隆公司应代收代缴的消费税税额。

2. 某化妆品厂202×年1月发生下列经济业务:
   (1) 销售一批高档化妆品,适用的消费税税率为15%,开出增值税专用发票,收取价款200万元、增值税税额26万元,款项已存入银行。
   (2) 没收逾期未退的高档化妆品包装物押金22 600元。
   (3) 将一批自产的高档护肤类化妆品以福利形式发给职工,按照同类产品不含税价计算,价款为80 000元,成本价为50 000元。
   (4) 受托加工高档化妆品一批,委托方提供原材料25万元,本企业收取加工费9万元,本企业无同类化妆品销售价格。
   (5) 将化妆品、护肤品装入盒内作为礼品送给关系户,成本价为18 000元,不含税价格为30 000元。

要求:计算该化妆品厂本月应缴纳的消费税税额(含代收代缴消费税,以万元为单位)。

【知识点5】 进口环节应纳税额的计算

一、单项选择题

1. 某化妆品公司,202×年10月进口一批高档化妆品,已知该批化妆品关税完税价格为10 800元,消费税税率为15%,关税税率14%。则下列计算该批高档化妆品进口环节应缴纳消费税税额的算式中,正确的是( )。
   A. 10 800×15%=1620(元)
   B. 10 800×(1+14%)×10%=1 231.2(元)
   C. 10 800×14%×10%=151.2(元)
   D. 10 800×(1+14%)÷(1-15%)×15%=2 172.71(元)

2. 某外贸公司从境外进口一吨白酒,支付买价100万元、运输费1万元、保险费0.3万元。假设关税税率为40%,已知白酒消费税税率为20%加0.5元/500克。则该公司应缴纳的消费税税额为( )万元。
   A. 34.76　　　　B. 35.58　　　　C. 37.58　　　　D. 42.38

3. 某化妆品贸易公司,202×年1月进口一批高档化妆品,已知该批高档化妆品的关税完税价格为200 000元,消费税税率为15%,关税税率为14%。下列计算该批高档化妆品进口环节应缴纳消费税税额的算式中,正确的是( )。
   A. 200 000×15%=30 000(元)
   B. 200 000×(1+14%)×15%=34 200(元)
   C. 200 000×14%×15%=4 200(元)
   D. 200 000×(1+14%)÷(1-15%)×15%=40 235.29(元)

4. 202×年10月,甲公司进口一批小汽车,海关审定的关税完税价格为100万元,缴纳的关税为20万元,已知小汽车消费税税率为25%。下列计算甲公司当月进口小汽车应缴纳消费税税额的算式中,正确的是( )。
   A. (100+20)×25%=30(万元)
   B. (100+20)÷(1-25%)×25%=40(万元)
   C. 100×25%=25(万元)
   D. 100÷(1-25%)×25%=33.33(万元)

5. 某外贸企业,202×年1月从国外进口一批化妆品,已知该批化妆品的关税完税价格为90万元,假定进口的化妆品适用的关税税率为20%,消费税税率为30%。则该企业当月在进口环节应缴纳的消费税为( )万元。
   A. 38.57　　　　B. 46.29　　　　C. 32.4　　　　D. 27

6. 某进出口公司202×年11月从澳大利亚进口2艘游艇,关税完税价折合人民币合计1 100万元,关税税率假设为30%,游艇消费税税率为10%。则该进出口公司应缴纳的消费税税额为( )万元。
   A. 122.22　　　　B. 158.89　　　　C. 143　　　　D. 185.59

二、多项选择题

进口环节应纳消费税的组成计税价格计算公式有(　　)。

A. 组成计税价格＝(关税完税价格＋关税)÷(1－消费税比例税率)

B. 组成计税价格＝(关税完税价格＋关税＋进口数量×定额税率)÷(1－消费税比例税率)

C. 组成计税价格＝关税完税价格÷(1－消费税比例税率)

D. 组成计税价格＝(关税完税价格＋关税＋定额税率)÷(1－消费税比例税率)

三、判断题

1. 进口的所有应税消费品,计算进口消费税的组成计税价格,也是计算进口增值税的组成计税价格。（　　）

2. 进口环节消费税除国务院另有规定外,一律不得给予减税、免税。（　　）

3. 进口环节消费税组成计税价格中的关税完税价格,是指海关核定的关税计税价格。（　　）

四、业务题

1. 202×年1月,国内一家手表生产企业进口手表机芯3 000个,海关审定的完税价格为每个0.5万元,关税税率为30%,完税后海关放行。高档手表消费税税率为20%。

要求:计算202×年1月该手表生产企业进口环节应缴纳的消费税税额。

2. 某汽车贸易公司202×年10月从国外进口小汽车50辆,海关核定的每辆小汽车关税完税价格为28万元,已知小汽车关税税率为20%,消费税税率为25%。

要求:计算该公司进口小汽车应缴纳的消费税税额。

3. 某烟草公司202×年9月进口甲类卷烟100标准箱,海关核定的每箱卷烟关税完税价格为3万元。已知卷烟关税税率为25%,消费税比例税率为56%,定额税率为0.003元/支;每标准箱有250条,每条200支。

要求:计算该公司进口卷烟应缴纳的消费税税额。

【知识点6】 已纳消费税的扣除

一、单项选择题

1. 根据消费税法律制度的规定,下列各项中,准予扣除外购的应税消费品已缴纳的消费税税款的是( )。

   A. 外购已税白酒生产的药酒　　　　B. 外购已税烟丝生产的卷烟

   C. 外购已税翡翠生产加工的金银翡翠首饰　　D. 外购已税钻石生产的高档手表

2. 下列业务中,可以抵扣已纳消费税的是( )。

   A. 外购已税烟丝生产的卷烟　　　　B. 外购已税珠宝玉石生产的金银首饰

   C. 委托加工收回的高档化妆品直接出售　　D. 委托加工收回的白酒生产的药酒

3. 纳税人委托个体经营者加工应税消费品的,消费税应( )。

   A. 由受托方代收代缴

   B. 由委托方在受托方所在地缴纳

   C. 由委托方收回后在委托方所在地缴纳

   D. 由委托方在受托方或委托方所在地缴纳

4. 根据消费税相关法律制度的规定,企业发生的下列经营行为中,外购应税消费品已纳消费税税额不得从应纳消费税税额中扣除的是( )。

   A. 外购已税汽油为原料生产成品油

   B. 外购已税白酒生产白酒

   C. 外购已税烟丝生产卷烟

   D. 外购已税高档化妆品为原料生产高档化妆品

5. 202×年3月,某化工生产企业以委托加工收回的已税高档化妆品为原料继续加工高档化妆品。委托加工收回的已税高档化妆品已纳消费税分别是:期初库存的已纳消费税30万元、当期收回的已纳消费税10万元、期末库存的已纳消费税20万元。当月销售高档化妆品取得不含税收入280万元。则该企业当月应缴纳的消费税税额为( )万

元。(高档化妆品消费税税率15%)

A. 12　　　　　　　B. 22　　　　　　　C. 39　　　　　　　D. 42

二、多项选择题

1. 根据消费税相关法律制度的规定,下列情形中,准予抵扣外购应税消费品已纳消费税的有(　　)。
   A. 外购已税珠宝玉石生产的金银首饰
   B. 外购已税素板生产的实木地板
   C. 外购已税高档化妆品生产的高档化妆品
   D. 外购已税鞭炮、焰火为原料生产的鞭炮、焰火

2. 下列各项中,外购应税消费品已纳消费税税款准予扣除的有(　　)。
   A. 外购已税烟丝生产的卷烟
   B. 外购已税电池生产的小轿车
   C. 外购已税珠宝玉石为原料生产的金银镶嵌首饰
   D. 外购已税润滑油为原料生产的成品油

3. 下列情形中,在计征消费税时可以扣除委托加工收回应税消费品的已纳消费税的有(　　)。
   A. 以委托加工收回的钻石生产金银镶嵌首饰
   B. 以委托加工收回的已税高档化妆品生产的高档化妆品
   C. 以委托加工收回的烟丝生产的卷烟
   D. 以委托加工收回的鞭炮生产的鞭炮

三、判断题

1. 外购高档手表用于连续生产高档手表的,已纳消费税准予在销售时扣除。(　　)
2. 将委托加工收回的应税消费品继续生产应税消费品销售的,不得扣除委托加工收回应税消费品已缴纳的消费税。(　　)
3. 某纳税人用外购已税小汽车生产超豪华小汽车,销售超豪华小汽车计征消费税时,允许扣除当期生产领用的已税小汽车的已纳消费税。(　　)

【知识点7】 特殊环节应纳税额的计算

一、单项选择题

1. 202×年10月,甲烟草批发企业向乙卷烟零售店销售卷烟200标准条,取得不含增值税销售额20 000元;向丙烟草批发企业销售卷烟300标准条,取得不含增值税销售额为30 000元。已知卷烟批发环节消费税的比例税率为11%,定额税率为0.005元/支,每标准条200支卷烟。下列计算甲烟草批发企业上述业务应缴纳消费税税额的算式中,正确的是(　　)。
   A. 20 000×11%+200×200×0.005=2 400(元)
   B. 20 000×11%+200×200×0.005+30 000×11%+300×200×0.005=6 000(元)

C. 20 000×11%＋30 000×11%＝5 500(元)

D. 30 000×11%＋300×200×0.005＝3 600(元)

2. 甲卷烟厂为增值税一般纳税人,202×年10月销售M型卷烟1 000标准条,取得含增值税销售额101 700元。已知卷烟增值税税率为13%,消费税比例税率为56%,定额税率为0.003元/支,每标准条200支卷烟。下列计算甲卷烟厂当月销售M型卷烟应缴纳消费税税额的算式中,正确的是(　　)。

　　A. 101 700÷(1＋13%)×56%＝50 400(元)

　　B. 101 700÷(1＋13%)×56%＋1 000×200×0.003＝51 000(元)

　　C. 101 700×56%＋1 000×200×0.003＝57 552(元)

　　D. (101 700－1 000×200×0.003)×56%＝56 616(元)

3. 根据消费税相关法律制度的规定,下列各项中,不缴纳消费税的是(　　)。

　　A. 生产销售高档化妆品　　　　　　B. 零售金银首饰

　　C. 进口高档手表　　　　　　　　　D. 零售卷烟

4. 下列各项中,在零售环节征收消费税的是(　　)。

　　A. 电池　　　　B. 鞭炮　　　　C. 卸妆油　　　　D. 钻石首饰

5. 关于对超豪华小汽车征收消费税的规定,下列说法正确的是(　　)。

　　A. 征税对象是每辆零售价格130万元(含增值税)及以上的小汽车

　　B. 纳税环节是生产环节和零售环节

　　C. 纳税人是消费者

　　D. 计税价格是不含消费税的计税销售价格

6. 某金店为增值税一般纳税人,202×年2月零售金银首饰取得收入113 000元,零售金银(镶嵌)首饰取得收入163 850元,零售玉石首饰取得收入80 780元。则该金店上述业务应缴纳的消费税税额为(　　)元。(消费税税率为5%)

　　A. 13 843.5　　B. 12 250　　C. 12 200　　D. 13 842.5

7. 202×年2月,某卷烟批发企业(持有烟草批发许可证)向商场批发甲类卷烟24万支,取得不含税销售额18.6万元,向其他批发单位批发甲类卷烟50万支,取得不含税销售额30万元。该企业当月应纳消费税(　　)万元。(卷烟批发环节消费税税率11%,0.005元/支)

　　A. 2.05　　B. 2.17　　C. 5.35　　D. 5.72

8. 国内某4S店将一辆高档小轿车以160万元(不含增值税)的价格销售给企业高管,该小轿车零售环节消费税税率为10%,生产销售环节消费税税率为40%。则该4S店应缴纳的消费税税额为(　　)万元。

　　A. 16　　B. 14　　C. 15　　D. 64

二、多项选择题

1. 根据消费税相关法律制度的规定,关于金银首饰的税务处理,下列说法正确的有(　　)。

A. 纳税人采用以旧换新方式销售的金银首饰,应按新首饰的销售价格计征消费税
B. 对既销售金银首饰,又销售非金银首饰的单位,应将两类商品划分清楚,分别核算销售额
C. 金银首饰与其他产品组成成套消费品销售的,应按销售额全额征收消费税
D. 金银首饰连同包装物销售的,无论包装物是否单独计价,也无论会计上如何核算,均应并入金银首饰的销售额计征消费税

2. 下列选项中,在零售环节缴纳消费税的项目有( )。
   A. 卷烟
   B. 铂金项链
   C. 翡翠手镯
   D. 钻石胸针

3. 下列选项中,符合卷烟批发环节征收消费税规定的有( )。
   A. 卷烟批发商之间销售卷烟不缴纳消费税
   B. 卷烟批发环节消费税纳税义务发生时间为发出卷烟的当天
   C. 总分支机构不在同一地区的,由各批发卷烟的机构独立纳税
   D. 计算批发环节消费税时,不得扣除已含的生产环节消费税税款

4. 下列环节中,既征收消费税又征收增值税的有( )。
   A. 卷烟的零售环节
   B. 高尔夫球具的生产销售环节
   C. 金银首饰的零售环节
   D. 高档化妆品的进口环节

三、判断题

1. 每辆零售价格 130 万元(含增值税)及以上的乘用车或中轻型商用客车需要在零售环节加征一道消费税。 ( )
2. 烟草批发企业将卷烟销售给其他烟草批发企业的,照章缴纳消费税。 ( )
3. 卷烟销售额与其他商品销售额没有分开核算的,其他商品不征收消费税。 ( )
4. 纳税人采用以旧换新方式销售的金银首饰,应按实际收取的不含增值税的全部价款作为计税依据。 ( )

【知识点8】 征收管理

一、单项选择题

1. 根据消费税法律制度的规定,纳税人以 1 个月或者 1 个季度为 1 个纳税期的,自期满之日起一定时间内申报缴纳消费税,该时间为( )。
   A. 7 日
   B. 10 日
   C. 15 日
   D. 30 日

2. 根据消费税相关法律制度的规定,下列关于消费税纳税义务发生时间的表述中,不正确的是( )。
   A. 委托加工应税消费品的,为纳税人提货的当天
   B. 采取赊销或分期收款结算方式的,为发出货物当天
   C. 进口应税消费品的,为报关进口的当天
   D. 自产自用应税消费品的,为移送使用的当天

3. 下列关于现行消费税的纳税地点说法中,不正确的是(   )。
   A. 纳税人销售应税消费品,一般应当向纳税人机构所在地的主管税务机关申报纳税
   B. 卷烟批发企业的总分机构不在同一地区的,应在各分支机构所在地申报纳税
   C. 纳税人到外县(市)销售应税消费品的,应于应税消费品销售后,向机构所在地或者居住地主管税务机关申报纳税
   D. 委托加工的应税消费品,受托方为企业等单位的,由受托方向所在地主管税务机关申报缴纳消费税

4. 根据消费税纳税义务发生时间的规定,以发出应税消费品当天为纳税义务发生时间的是(   )。
   A. 采取预收货款结算方式销售应税消费品
   B. 采取分期收款方式销售应税消费品
   C. 采取赊销结算方式销售应税消费品
   D. 纳税人采取其他结算方式的

5. 下列各项中,符合消费税纳税义务发生时间规定的是(   )。
   A. 进口的应税消费品,为取得进口货物的当天
   B. 自产自用的应税消费品,为移送使用的当天
   C. 委托加工的应税消费品,为支付加工费的当天
   D. 采取预收货款结算方式的,为收到预收款的当天

6. 根据消费税相关法律制度的规定,下列关于消费税纳税义务发生时间的表述中,不正确的是(   )。
   A. 纳税人自产自用应税消费品的,为移送使用的当天
   B. 纳税人委托加工应税消费品的,为支付加工费的当天
   C. 纳税人进口应税消费品的,为报关进口的当天
   D. 纳税人销售应税消费品采取预收款方式的,为发出应税消费品的当天

7. 下列说法中,符合消费税纳税义务发生时间规定的是(   )。
   A. 进口应税消费品的,为报关进口的当天
   B. 采取预收货款结算方式的,为收到预收款的当天
   C. 采取分期收款结算方式的,为发出应税消费品的当天
   D. 委托加工应税消费品的,为支付加工费的当天

8. 下列关于消费税纳税地点的说法中,正确的是(   )。
   A. 纳税人销售应税消费品,应当在销售行为发生地的主管税务机关申报纳税
   B. 纳税人总、分机构不在同一县(市)的,可以选择由总机构汇总向总机构所在地的主管税务机关申报缴纳消费税
   C. 委托加工应税消费品,受托方为个人的,由委托方向其机构所在地或者居住地的主管税务机关申报纳税
   D. 进口应税消费品,由进口人或由代理人向其机构所在地或住所地主管税务机关申报纳税

二、多项选择题

1. 根据消费税相关法律制度的规定，下列关于消费税纳税地点的表述中，正确的有（　　）。
   A. 进口的应税消费品，由进口人或者其代理人向报关地海关申报纳税
   B. 委托加工的应税消费品，由受托方向机构所在地或者居住地的主管税务机关解缴消费税税款
   C. 纳税人到外县销售自产应税消费品的，应于应税消费品销售后，向机构所在地或者居住地的主管税务机关申报纳税
   D. 纳税人的总机构与分支机构不在同一县（市）的，应当分别向各自机构所在地的主管税务机关申报纳税

2. 下列关于消费税纳税义务发生时间的表述中，正确的有（　　）。
   A. 纳税人采取赊销和分期收款结算方式销售应税消费品的，其纳税义务发生时间为实际收款日期的当天
   B. 纳税人自产自用的应税消费品，其纳税义务发生时间为移送使用的当天
   C. 纳税人委托加工的应税消费品，其纳税义务发生时间为委托方支付加工费的当天
   D. 纳税人采取直接收款方式销售应税消费品的，其纳税义务发生时间为收讫销售款或者取得索取销售款凭据的当天

三、判断题

1. 纳税人的总机构与分支机构不在同一县（市）的，一律在生产应税消费品的分支机构所在地缴纳消费税。（　　）
2. 纳税人以1个月或者1个季度为1个纳税期的，自期满之日起30日内申报纳税。（　　）
3. 纳税人到外县（市）销售或者委托外县（市）代销自产应税消费品的，应于应税消费品销售后，向机构所在地或者居住地税务机关申报纳税。（　　）
4. 采取预收货款结算方式的，纳税义务发生时间为收到货款的当天。（　　）
5. 纳税人委托加工应税消费品的，纳税义务发生时间为纳税人发出委托加工材料的当天。（　　）

第四章 企业所得税

【知识点1】 纳税义务人

一、单项选择题

1. 根据企业所得税相关法律制度的规定，下列各项中，不属于企业所得税纳税人的是（　　）。
   A. 甲有限责任公司
   B. 乙事业单位
   C. 丙合伙企业
   D. 丁股份有限公司

2. 根据企业所得税相关法律制度的规定，下列各项中，不属于企业所得税纳税人的是（　　）。
   A. 在外国成立但实际管理机构在中国境内的股份制企业
   B. 在中国境内成立的外商独资企业
   C. 在中国境内成立的个人独资企业
   D. 在中国境内未设立机构、场所，但有来源于中国境内所得的外国企业

3. 根据企业所得税相关法律制度的规定，下列各项中，属于非居民企业的是（　　）。
   A. 依照外国法律成立的，实际管理机构在境内的甲公司
   B. 依照中国法律成立的，在境外设立机构、场所的乙公司
   C. 依照外国法律成立的且实际管理机构在境外，但在境内设立机构、场所的丙公司
   D. 依照中国法律成立的，实际管理机构在境内的丁公司

4. 根据企业所得税相关法律制度的规定，下列企业属于非居民企业的是（　　）。
   A. 依法在中国境内成立的外商独资企业
   B. 依法在境外成立但实际管理机构在中国境内的外国企业
   C. 在中国境内未设立机构、场所，且没有来源于中国境内所得的外国企业
   D. 在中国境内未设立机构、场所，但有来源于中国境内所得的外国企业

5. 根据企业所得税相关法律制度的规定，下列属于居民企业的是（　　）。
   A. 依法在天津成立的个体工商户
   B. 依照美国法律成立，但实际管理机构在我国境内的企业
   C. 境外企业在北京设立的办事机构
   D. 依照香港地区法律成立，且实际管理机构在香港地区的企业

二、多项选择题

依据企业所得税的相关规定，下列企业中属于非居民企业的有（　　）。
A. 实际管理机构在法国，向中国境内企业销售机械的法国企业

B. 实际管理机构在美国,在中国境内开采石油资源的美国企业

C. 实际管理机构在韩国,在中国境内提供建筑劳务的韩国企业

D. 实际管理机构在中国大陆,在香港地区从事食品加工的香港企业

三、判断题

1. 企业所得税的纳税人仅指企业,不包括社会团体。( )
2. 《企业所得税法》适用于个人独资企业、合伙企业。( )
3. 《企业所得税法》中的居民企业纳税义务人负有全面纳税义务,应就其来源于境内境外所得申报缴纳企业所得税。( )
4. 外国企业在中国境内未设有机构、场所,但有来源于中国境内的所得时,应按我国税法规定缴纳所得税。( )

【知识点2】 征税对象与税率

一、单项选择题

1. 依据企业所得税的相关规定,下列所得按转让货物或资产的企业所在地确定所得来源地的是( )。
   A. 转让动产所得
   B. 销售货物所得
   C. 转让不动产所得
   D. 转让权益性投资资产所得

2. 依据企业所得税的相关规定,销售货物所得来源地的判定标准是( )。
   A. 销售货物的目的地
   B. 销售货物的起运地
   C. 销售货物的企业所在地
   D. 交易活动的发生地

3. 下列关于所得来源地的说法,符合企业所得税相关规定的是( )。
   A. 租金所得按照收取租金的企业所在地确定
   B. 股息所得按照分配所得的企业所在地确定
   C. 权益性投资资产转让所得按照投资企业所在地确定
   D. 特许权使用费所得按照收取特许权使用费的企业所在地确定

4. 根据企业所得税的相关规定,下列关于来源于境内境外的所得确定原则,不正确的是( )。
   A. 股息、红利等权益性投资收益,按照收到所得的企业所在地确定
   B. 提供劳务所得,按照劳务发生地确定
   C. 不动产转让所得,按照不动产所在地确定
   D. 销售货物所得,按照交易活动发生地确定

5. 根据企业所得税的相关规定,下列各项中,按负担、支付所得的企业或者机构、场所所在地确定所得来源地的是( )。
   A. 提供劳务所得
   B. 不动产转让所得
   C. 其他所得
   D. 特许权使用费所得

6. 下列所得,实际适用10%的企业所得税税率的是( )。

A. 居民企业来自境外的所得

B. 小型企业来自境内的所得

C. 在中国境内未设立经营机构的非居民企业来自境内的股息所得

D. 高新技术企业来自境内的所得

二、多项选择题

1. 下列所得中,按照支付、负担所得的企业或者机构、场所所在地确定所得来源地的有(   )。

   A. 销售货物所得　　　　　　　　B. 利息所得
   C. 租金所得　　　　　　　　　　D. 动产转让所得

2. 根据企业所得税的相关规定,下列关于所得来源地的表述中,正确的有(   )。

   A. 销售货物所得,按照交易活动发生地确定
   B. 不动产转让所得,按照不动产所在地确定
   C. 动产转让所得,按照转让动产的企业或者机构、场所所在地确定
   D. 股息、红利等权益性投资所得,按照分配所得的企业所在地确定

3. 以下适用企业所得税税率为25%的企业有(   )。

   A. 在中国境内的居民企业
   B. 在中国境内设有机构、场所,且所得与机构、场所有关联的非居民企业
   C. 在中国境内设有机构、场所,但所得与机构、场所没有实际联系的非居民企业
   D. 在中国境内未设立机构、场所的非居民企业

三、判断题

1. 在中国境内设有机构、场所且所得与机构、场所有关联的非居民企业,适用20%的企业所得税税率。(   )

2. 符合条件的小型微利企业,减按15%的税率征收企业所得税。(   )

3. 在中国境内未设立机构、场所的非居民企业,实际适用10%税率。(   )

【知识点3】 收入总额的确认

一、单项选择题

1. 根据企业所得税的相关规定,下列各项中,属于特许权使用费收入的是(   )。

   A. 提供生产设备使用权取得的收入　　B. 提供运输工具使用权取得的收入
   C. 提供房屋使用权取得的收入　　　　D. 提供商标的使用权取得的收入

2. 根据我国企业所得税的相关规定,下列关于收入确认条件的说法中,不正确的是(   )。

   A. 销售商品采用托收承付方式的,在办妥托收手续时确认收入
   B. 销售商品采用预收款方式的,在发出商品时确认收入
   C. 销售商品需要安装和检验的,在发出商品时确认收入
   D. 销售商品采用支付手续费方式委托代销的,在收到代销清单时确认收入

3. 依据企业所得税的相关规定,下列关于收入确认的时间,正确的是( )。
   A. 接受捐赠收入,按照合同约定的捐赠日期确认收入的实现
   B. 特许权使用费收入,以实际取得收入的日期确认收入的实现
   C. 采取产品分成方式取得收入的,按照企业分得产品的日期确认收入的实现
   D. 股息、红利等权益性投资收益,以被投资方实际分红的日期确认收入的实现
4. 依据企业所得税的相关规定,下列关于销售货物收入确认时间的说法,错误的是( )。
   A. 销售商品采取预收货款方式的,在收到预收货款时确认收入
   B. 销售商品采取托收承付方式的,在办妥托收手续时确认收入
   C. 销售商品采取支付手续费方式委托代销的,在收到代销清单时确认收入
   D. 销售商品需要简单安装和检验的,可在发出商品时确认收入

二、多项选择题
1. 根据企业所得税的相关规定,下列各项关于收入确认的表述中,正确的有( )。
   A. 企业以非货币形式取得的收入,应当按照公允价值确定收入额
   B. 以分期收款方式销售货物的,按照合同约定的收款日期确认收入的实现
   C. 采取产品分成方式取得收入的,按照企业分得产品的日期确认收入的实现,其收入额按照产品的公允价值确定
   D. 接受捐赠收入,按照承诺捐赠资产的日期确定收入
2. 下列关于企业所得税所得来源的确定说法中,正确的有( )。
   A. 销售货物所得,按照交易活动发生地确定
   B. 提供劳务所得,按照劳务发生地确定
   C. 股息、红利等权益性投资所得,按照分配所得的企业所在地确定
   D. 特许权使用费所得,按照负担、支付所得的企业或者机构、场所所在地确定,或者按照负担、支付所得的个人的住所地确定
3. 下列各项中,在计算企业所得税应纳税所得额时,应计入收入总额的有( )。
   A. 转让专利权收入
   B. 债务重组收入
   C. 接受捐赠收入
   D. 确实无法偿付的应付款项

三、判断题
1. 非货币形式收入应当按照账面价值确定收入额。 ( )
2. 销售商品采用支付手续费方式委托代销的,在收到货款时确认收入。 ( )
3. 销售商品以旧换新的,销售商品应当按照销售商品收入确认条件确认收入。 ( )
4. 利息收入,按照合同约定的债务人应付利息的日期确认收入的实现。 ( )

【知识点4】 不征税收入和免税收入

一、单项选择题
1. 根据企业所得税的相关规定,下列各项中,属于不征税收入的是( )。
   A. 国债利息收入
   B. 违约金收入

C. 股息收入　　　　　　　　　　　D. 财政拨款收入

2. 根据《企业所得税法》的规定,下列项目中,属于免税收入的是(　　)。

　　A. 财政拨款

　　B. 国债利息收入

　　C. 企业债券利息收入

　　D. 依法收取并纳入财政管理的行政事业性收费、政府性基金

3. 根据企业所得税的相关规定,下列各项中,属于免税收入的是(　　)。

　　A. 财政拨款收入

　　B. 转让企业债券取得的收入

　　C. 企业购买国债取得的利息收入

　　D. 县级以上人民政府将国有资产无偿划入企业,并指定专门用途、按规定进行管理

4. 根据企业所得税的相关规定,下列各项中,属于不征税收入的是(　　)。

　　A. 依法收取并纳入财政管理的政府性基金　　B. 国债利息收入

　　C. 接受捐赠收入　　　　　　　　　　　　　D. 财产转让收入

5. 下列收入项目中,不需征收企业所得税的是(　　)。

　　A. 财政拨款收入　　　　　　　　　　B. 特许权使用费收入

　　C. 财产租赁收入　　　　　　　　　　D. 股息收入

二、多项选择题

1. 根据企业所得税的相关规定,下列各项中,属于不征税收入的有(　　)。

　　A. 国债利息收入

　　B. 居民企业直接投资于其他未上市居民企业取得的投资收益

　　C. 财政拨款

　　D. 依法收取并纳入财政管理的行政事业性收费

2. 根据企业所得税的相关规定,企业的下列收入中,属于不征税收入范围的有(　　)。

　　A. 财政拨款

　　B. 依法收取并纳入财政管理的政府性基金

　　C. 提供劳务收入

　　D. 符合条件的居民企业之间的股息、红利等权益性投资收益

3. 根据企业所得税的相关规定,下列属于不征税收入或免税收入的有(　　)。

　　A. 居民企业从非居民企业取得的权益性投资收益

　　B. 非营利组织接收其他单位或者个人捐赠的收入

　　C. 符合条件的居民企业之间的权益性投资收益

　　D. 财政拨款

4. 根据企业所得税的相关规定,企业取得的下列收入中,属于不征税收入的有(　　)。

　　A. 营业外收入

　　B. 财政拨款

C. 国债利息收入

D. 依法收取并纳入财政管理的政府性基金

5. 根据企业所得税的相关规定,下列属于不征税收入的有( )。

　　A. 企业转让资产所得

　　B. 国债利息收入

　　C. 依法收取并纳入财政管理的行政事业性收费

　　D. 财政拨款

三、判断题

1. 不征税收入和免税收入税负效果一样,性质也一样。　　　　　　　　　　　( )
2. 居民企业从在中国境内设立机构、场所的非居民企业取得的股息、红利等权益性投资收益属于免税收入。　　　　　　　　　　　　　　　　　　　　　　　　　( )
3. 非营利组织的收入属于免税收入。　　　　　　　　　　　　　　　　　　　( )

【知识点5】 税前扣除

一、单项选择题

1. 202×年甲企业实现利润总额1 500万元,直接向贫困山区捐款100万元,通过市政府发生公益性捐赠支出120万元。已知公益性捐赠支出在年度利润总额12%以内的部分,准予在当年扣除。计算甲企业202×年度企业所得税应纳税所得额时,准予扣除的公益性捐赠支出是( )万元。

　　A. 110　　　　　　B. 170　　　　　　C. 225　　　　　　D. 120

2. 某设备生产企业202×年营业收入为1 500万元,广告费支出为52万元。上一年度超标广告费90万元,则202×年税前准允扣除的广告费是( )万元。

　　A. 52　　　　　　B. 142　　　　　　C. 135　　　　　　D. 225

3. 根据企业所得税的相关规定,下列支出中,可以直接在税前扣除的是( )。

　　A. 企业为投资者支付的商业保险费

　　B. 企业从其关联方接受的债权性投资与权益性投资的比例超过规定标准而发生的利息支出

　　C. 企业参加财产保险,按照规定缴纳的保险费

　　D. 非银行企业内营业机构之间支付的利息

4. 甲企业202×年合理的工资、薪金支出100万元,发生职工福利费18万元,职工教育经费1.5万元。已知,在计算企业所得税应纳税所得额时,职工福利费支出、职工教育经费支出的扣除比例分别不超过14%和8%。甲企业计算202×年企业所得税应纳税所得额时,准予扣除的职工福利费和职工教育经费金额合计为( )万元。

　　A. 100×14%+1.5=15.5　　　　　　B. 100×14%+100×8%=22

　　C. 18+1.5=19.5　　　　　　　　　D. 18+100×8%=26

5. 甲公司202×年度取得销售货物收入1 000万元,发生的与生产经营活动有关的业务招

待费 6 万元，已知在计算企业所得税应纳税所得额时，业务招待费支出按照发生额的 60% 扣除，但最高不得超过当年销售（营业）收入的 5‰。甲公司在计算 202×年度企业所得税应纳税所得额时，准予扣除的业务招待费支出为（　　）万元。

    A. 6　　　　　　B. 5　　　　　　C. 4.97　　　　　　D. 3.6

6. 甲公司 202×年度实现利润总额 30 万元，直接向受灾地区群众捐款 6 万元，通过公益性社会组织向受灾地区捐款 4 万元。已知公益性捐赠支出不超过年度利润总额的 12% 的部分，准予在计算应纳税所得额时扣除。甲公司在计算 202×年度企业所得税应纳税所得额时，准予扣除的捐赠额为（　　）万元。

    A. 6　　　　　　B. 10　　　　　　C. 3.6　　　　　　D. 4

7. 202×年甲企业实现利润总额 600 万元，发生公益性捐赠支出 62 万元。上年度未在税前扣除完的、符合条件的公益性捐赠支出 12 万元。已知公益性捐赠支出在年度利润总额 12% 以内的部分，准予扣除。计算甲企业 202×年度企业所得税应纳税所得额时，准予扣除的公益性捐赠支出是（　　）万元。

    A. 74　　　　　　B. 60　　　　　　C. 84　　　　　　D. 72

8. 某企业 202×年支付正式职工的合理工资总额 1 000 万元、临时工工资 30 万元。企业当年拨缴的工会经费为 28 万元。当年可税前扣除的工会经费为（　　）万元。

    A. 144.2　　　　　B. 82.4　　　　　C. 28　　　　　　D. 20.6

9. 某公司 202×年 1 月 1 日向甲公司借入 2 年期贷款 5 000 万元用于购置原材料，约定年利率为 10%，银行同期同类贷款利率为 7%。202×年该公司企业所得税前可扣除的该笔借款的利息费用为（　　）万元。

    A. 1 000　　　　　B. 500　　　　　C. 350　　　　　D. 0

10. 纳税人通过国内非营利的社会团体、国家机关的公益、救济性捐赠，在年度（　　）12% 以内的部分准予扣除。

    A. 收入总额　　　　　　　　　　B. 利润总额
    C. 纳税调整后所得　　　　　　　D. 应纳税所得额

11. 某企业本年度销售收入 2 000 万元，广告费支出 130 万元，上一年度销售收入 1 000 万元，广告费支出 160 万元，则本年度准予税前扣除的广告费为（　　）万元。

    A. 100　　　　　　B. 200　　　　　C. 140　　　　　D. 130

12. 某企业全年营业收入 5 000 万元，全年实际发生业务招待费 30 万元，按规定可在税前费用中列支的业务招待费应为（　　）万元。

    A. 20　　　　　　B. 18　　　　　　C. 19　　　　　　D. 25

二、多项选择题

1. 根据企业所得税的相关规定，企业当年发生的某些费用，超过税法规定的扣除标准，允许在结转以后纳税年度扣除，下列各项中，属于此类费用的有（　　）。

    A. 广告费　　　　　　　　　　　B. 业务宣传费
    C. 工会经费　　　　　　　　　　D. 职工教育经费

2. 根据企业所得税的相关规定,企业缴纳的下列税金中,准予在计算企业所得税应纳税所得额时扣除的有( )。
   A. 允许抵扣的增值税
   B. 土地增值税
   C. 城镇土地使用税
   D. 城市维护建设税
3. 根据企业所得税的相关规定,下列各项中,计入税金及附加在当期扣除的有( )。
   A. 允许抵扣的增值税
   B. 消费税
   C. 企业所得税
   D. 印花税
4. 根据企业所得税的相关规定,企业取得的下列收入中,可以作为广告费和业务宣传费税前扣除限额计算基数的有( )。
   A. 转让无形资产所有权取得的收入
   B. 接受捐赠取得的收入
   C. 出租房屋使用权取得的收入
   D. 消费税

三、判断题

1. 企业发生的合理的劳动保护支出,准予扣除。( )
2. 企业发生合理的工资、薪金支出,不包括企业支付给临时工的工资。( )
3. 纳税人直接向受赠人的捐赠,以及非公益性捐赠,不得在企业所得税前扣除。( )

【知识点6】 不得扣除项目和亏损弥补

一、单项选择题

1. 下列支出中,可以在企业所得税税前扣除的是( )。
   A. 子公司支付给母公司的管理费
   B. 企业内设营业机构之间支付的租金
   C. 企业内设营业机构之间支付的特许权使用费
   D. 银行企业内设营业机构之间支付的利息
2. 下列各项支出中,可在企业所得税税前扣除的是( )。
   A. 企业之间支付的管理费用
   B. 非银行企业内营业机构之间支付的利息
   C. 企业依照法律规定提取的环境保护金
   D. 烟草企业的烟草广告费和业务宣传费
3. 下列选项中,可以在企业所得税税前扣除的是( )。
   A. 发放的股息红利
   B. 行政机关的罚款
   C. 企业所得税
   D. 劳动保护费
4. 下列项目中,不允许在应税所得额中扣除的是( )。
   A. 对外投资期间的投资成本
   B. 劳动保护支出
   C. 坏账损失
   D. 消费税
5. 下列支出中,可以在企业所得税税前扣除的是( )。
   A. 税收滞纳金
   B. 企业内设营业机构之间支付的租金

C. 赞助支出　　　　　　　　　　D. 规定标准内的捐赠支出

6. 根据企业所得税相关规定，关于企业亏损弥补的说法，不正确的是(　　)。
   A. 境外营业机构的亏损不可以用境内营业机构的盈利弥补
   B. 筹办期间也要计算为亏损年度
   C. 亏损是指将每一纳税年度的收入总额减除不征税收入、免税收入和各项扣除后小于零的数额
   D. 亏损弥补的年限最长不得超过 5 年

二、多项选择题

1. 根据企业所得税的相关规定，下列各项中，在计算企业所得税应纳税所得额时，不准扣除的有(　　)。
   A. 购建固定资产的费用
   B. 企业所得税税款
   C. 未经核定的准备金支出
   D. 向投资者支付的股息、红利等权益性投资收益款项

2. 根据企业所得税的相关规定，下列各项中，在计算企业所得税应纳税所得额时，不得扣除的有(　　)。
   A. 诉讼费用　　　B. 罚金　　　C. 税收滞纳金　　　D. 合同违约金

3. 根据相关规定，纳税人的下列支出中，在计算企业所得税应纳税所得额时，不得扣除的有(　　)。
   A. 罚金　　　　　　　　　　B. 被没收的财物损失
   C. 银行罚息　　　　　　　　D. 超过标准的公益性捐赠支出

4. 根据企业所得税法的规定，下列各项中，属于计算企业应纳税所得额时不得扣除的项目有(　　)。
   A. 缴纳的消费税　　　　　　B. 缴纳的税收滞纳金
   C. 存货跌价准备金　　　　　D. 非公益性捐赠支出

三、判断题

1. 企业内营业机构之间支付的利息，不得扣除。(　　)
2. 亏损弥补期限须自亏损年度的下一个年度起连续 5 年不间断计算。(　　)
3. 企业发生的公益性捐赠支出，不超过年度利润总额 12% 的部分，准予扣除；超过的部分，准予在以后年度结转扣除。(　　)
4. 企业依照法律、行政法规有关规定，提取的用于环境保护、生态恢复等方面的专项资金，准予扣除。(　　)

【知识点 7】　固定资产的税务处理

一、单项选择题

1. 某企业购入小汽车一辆，按照企业所得税法的规定，该车辆应计算折旧的最低年限是(　　)。

A. 20 年 B. 10 年 C. 5 年 D. 4 年

2. 根据《企业所得税法》的规定，不得计算折旧在税前扣除的固定资产是（   ）。
   A. 接受投资的固定资产　　　　　　　B. 未投入使用的房屋、建筑物
   C. 接受捐赠的机器设备　　　　　　　D. 与经营活动无关的固定资产

3. 根据企业所得税的有关规定，下列固定资产中，在计算企业所得税应纳税所得额时，准予计算折旧扣除的是（   ）。
   A. 未投入使用的机器设备　　　　　　B. 以经营租赁方式租入的机器设备
   C. 已足额提取折旧但仍继续使用的机器设备　D. 以融资租赁方式租入的机器设备

4. 依据企业所得税的相关规定，下列固定资产可以计提折旧的是（   ）。
   A. 闲置未用的仓库和办公楼
   B. 以经营租赁方式租入的生产设备
   C. 单独估价作为固定资产入账的土地
   D. 已提足折旧仍继续使用的运输工具

5. 运输货物的大卡车，最低折旧年限是（   ）年。
   A. 2 B. 4 C. 5 D. 10

二、多项选择题

1. 根据企业所得税的相关规定，企业的下列固定资产，可以采用加速折旧方法或缩短折旧年限的有（   ）。
   A. 技术进步，产品更新换代较快的固定资产
   B. 使用频率极高的固定资产
   C. 常年处于强震动、高腐蚀状态的固定资产
   D. 企业在 2018 年 1 月 1 日至 2023 年 12 月 31 日期间，新购进的、单位价值不超过 500 万元的设备器具

2. 根据企业所得税的相关规定，下列关于固定资产计税基础确定的表述中，正确的有（   ）。
   A. 自行建造的固定资产，以竣工结算前发生的支出为计税基础
   B. 外购的固定资产，以购买价款、支付的相关税费、直接归属于使该资产达到预定用途而发生的其他支出为计税基础
   C. 通过捐赠方式取得的固定资产，以该资产的公允价值和支付的相关税费为计税基础
   D. 盘盈的固定资产，以同类固定资产的重置完全价值为计税基础

3. 根据企业所得税的相关规定，下列固定资产不得计算折旧在税前扣除的有（   ）。
   A. 未投入使用的机器设备　　　　　　B. 以经营租赁方式租入的生产线
   C. 以融资租赁方式租入的机床　　　　D. 与经营活动无关的小汽车

三、判断题

1. 盘盈的固定资产，以同类固定资产的账面价值为计税基础。（   ）
2. 未投入使用的固定资产不得计算折旧扣除。（   ）
3. 固定资产按照双倍余额递减法计算的折旧，准予在企业所得税前扣除。（   ）
4. 小轿车的最低折旧年限为 5 年。（   ）

【知识点8】 生物资产与无形资产的税务处理

一、单项选择题

1. 某农场外购奶牛支付价款 20 万元,依据企业所得税相关规定,其税前扣除方法为（　　）。

   A. 一次性在税前扣除

   B. 按奶牛寿命在税前分期扣除

   C. 按直线法以不低于 3 年折旧年限计算折旧税前扣除

   D. 按直线法以不低于 10 年折旧年限计算折旧税前扣除

2. 根据企业所得税的相关规定,下列各项无形资产中,可以计算摊销费用税前扣除的是（　　）。

   A. 自创商誉

   B. 自行开发无形资产的资本化支出

   C. 自行开发的支出已在计算应纳税所得额时扣除的无形资产

   D. 与经营活动无关的无形资产

3. 根据企业所得税的相关规定,一般情况下,无形资产摊销年限不得低于（　　）年。

   A. 3 B. 5 C. 7 D. 10

4. 通过非货币性资产交换取得的无形资产,以该资产的（　　）和支付的相关税费为计税基础。

   A. 账面价值 B. 公允价值 C. 重置价值 D. 历史成本

5. 某企业自行开发了一项专利技术,开发过程中符合资本化条件的支出为 100 万元,不符合资本化条件的支出为 50 万元,其他为使该专利技术达到预定可使用状态而发生的支出为 10 万元。则该专利技术的计税基础为（　　）万元。

   A. 160 B. 110 C. 60 D. 150

二、多项选择题

1. 生产性生物资产包括（　　）。

   A. 经济林 B. 薪炭林 C. 产畜 D. 役畜

2. 根据企业所得税的相关规定,下列关于生产性生物资产计算折旧的最低年限的表述中,正确的有（　　）。

   A. 林木类生产性生物资产,为 5 年
   B. 林木类生产性生物资产,为 10 年
   C. 畜类生产性生物资产,为 3 年
   D. 畜类生产性生物资产,为 4 年

3. 不属于无形资产摊销范围的有（　　）。

   A. 自行开发的支出已在计算应纳税所得额时扣除的无形资产

   B. 自创商誉

   C. 与经营活动无关的无形资产

   D. 外购的商标权

4. 符合生产性生物资产的计提折旧规则的有( )。
   A. 生产性生物资产应当自投入使用月份的次月起计算折旧
   B. 生产性生物资产应当自停止使用月份的次月起停止计算折旧
   C. 生产性生物资产应当自投入使用月份的当月起计算折旧
   D. 生产性生物资产应当自停止使用月份的当月起停止计算折旧

三、判断题
1. 生产性生物资产按照直线法计算的折旧,准予在企业所得税前扣除。 ( )
2. 生产性生物资产的预计净残值一经确定,可以在日后变更。 ( )
3. 无形资产的摊销年限不得低于15年。 ( )
4. 外购商誉的支出,在企业整体转让或者清算时也不得扣除。 ( )

【知识点9】 其他项目的税务处理

一、单项选择题
1. 长期待摊费用,是指企业发生的应在( )个年度以上或几个年度进行摊销的费用。
   A. 1   B. 2   C. 3   D. 4
2. 租入固定资产的改建支出,按照( )分期摊销。
   A. 合同约定的剩余租赁期限   B. 固定资产尚可使用年限
   C. 固定资产的使用年限   D. 合同约定的租赁期限
3. 通过支付现金以外的方式取得的投资资产,以该资产的( )为成本。
   A. 公允价值   B. 账面价值
   C. 账面价值和支付的相关税费   D. 公允价值和支付的相关税费

二、多项选择题
1. 大修理支出,是指同时符合( )条件的支出。
   A. 修理支出达到取得固定资产时的计税基础50%以上
   B. 修理后固定资产的使用年限延长2年以上
   C. 修理支出达到取得固定资产时的计税基础60%以上
   D. 修理后固定资产的使用年限延长3年以上
2. 企业使用或者销售的存货的成本计算方法有( )。
   A. 先进先出法   B. 后进先出法
   C. 个别计价法   D. 加权平均法
3. 下列关于长期待摊费用的表述,正确的有( )。
   A. 大修理支出,按照固定资产尚可使用年限分期摊销
   B. 已足额提取折旧的固定资产的改建支出,按照固定资产预计尚可使用年限分期摊销
   C. 租入固定资产的改建支出,按照合同约定的剩余租赁期限分期摊销
   D. 其他应当作为长期待摊费用的支出,自支出发生月份的次月起,分期摊销,摊销年限不得低于5年

4. 生产性生物资产收获的农产品,以产出或者采收过程中发生的(　　)等必要支出为成本。
   A. 材料费　　　　　　　　　　　B. 人工费
   C. 分摊的间接费用　　　　　　　D. 销售费用

三、判断题

1. 未足额提取折旧的固定资产的改建支出,准予按照规定计算摊销扣除。　　　　　　(　　)
2. 通过支付现金方式取得的存货,以购买价款和支付的相关税费为成本。　　　　　　(　　)
3. 通过支付现金方式取得的投资资产,以购买价款为成本。　　　　　　　　　　　　(　　)

【知识点10】 税收优惠

一、单项选择题

1. 根据企业所得税的相关规定,企业从事下列项目的所得,减半征收企业所得税的是(　　)。
   A. 花卉种植　　　B. 中药材种植　　　C. 谷物种植　　　D. 蔬菜种植
2. 企业开展研发活动中实际发生的研发费用,自2023年1月1日起,未形成无形资产的,在据实扣除的基础上,按照实际发生额的一定比例加计扣除。该比例是(　　)。
   A. 50%　　　　　B. 75%　　　　　　C. 100%　　　　　D. 200%
3. 在一个纳税年度内,居民企业技术转让所得不超过(　　)万元的部分,免征企业所得税;超过部分,减半征收企业所得税。
   A. 5　　　　　　B. 10　　　　　　　C. 20　　　　　　D. 500
4. 符合固定资产加速折旧条件,采取缩短折旧年限方法的,最低折旧年限不得低于规定折旧年限的(　　)。
   A. 40%　　　　　B. 50%　　　　　　C. 60%　　　　　D. 80%
5. 下列选项中,属于减半征收企业所得税的是(　　)。
   A. 海水养殖
   B. 远洋捕捞
   C. 牲畜、家禽的饲养
   D. 中药材的种植

二、多项选择题

1. 下列各项中,在计算应纳税所得额时有加计扣除规定的有(　　)。
   A. 企业开发新技术、新产品、新工艺发生的研究开发费用
   B. 国家需要重点扶持的高新技术企业
   C. 企业购置节水专用设备的投资
   D. 企业安置残疾人员及国家鼓励安置的其他就业人员所支付的工资
2. 根据企业所得税的相关规定,下列行业中,不适用研究开发费用税前加计扣除政策的有(　　)。
   A. 住宿和餐饮业　　　　　　　　B. 烟草制造业

C. 租赁和商务服务业　　　　　　　　D. 批发和零售业
3. 企业从事下列项目的所得,免征企业所得税的有(　　)。
   A. 农技推广　　　　　　　　　　　　B. 农产品初加工
   C. 远洋捕捞　　　　　　　　　　　　D. 海水养殖
4. 企业取得的下列收入中,属于企业所得税免税收入的有(　　)。
   A. 国债利息收入
   B. 企业债券利息收入
   C. 符合条件的居民企业之间的红利、股息等权益性投资收益
   D. 居民企业从在中国境内设立机构、场所的非居民企业取得的股息等权益性投资收益

三、判断题

1. 企业从事蔬菜种植的所得免征企业所得税。　　　　　　　　　　　　　　　(　　)
2. 一个纳税年度内,居民企业取得 800 万元的技术转让所得,免征企业所得税。(　　)
3. 企业安置残疾人员所支付的工资,在据实扣除的基础上,按照支付给残疾职工工资的 100% 加计扣除。　　　　　　　　　　　　　　　　　　　　　　　　　　　　(　　)
4. 企业为开发新技术、新产品、新工艺发生的研究开发费用,未形成无形资产的,计入当期损益据实扣除。　　　　　　　　　　　　　　　　　　　　　　　　　　　　(　　)
5. 企业购置并实际使用规定的环境保护、节能节水、安全生产等专用设备的,该专用设备的投资额的 10% 可以从企业当年的应纳税额中抵免。　　　　　　　　　　　　(　　)

【知识点 11】 应纳税额的计算

一、单项选择题

1. A 厂为生产企业,职工共有 65 人,资产总额为 800 万元。其 202×年应纳税所得额为 40 万元,该企业当年度符合相关企业所得税相关优惠政策的条件。则下列计算该厂 202×年度应纳企业所得税税额的算式中,正确的是(　　)。
   A. 40×20%=8(万元)　　　　　　　　B. 40×12.5%×25%=1.25(万元)
   C. 40×12.5%×20%=1(万元)　　　　D. 40×25%×20%=2(万元)

2. 某企业取得产品销售收入 100 万元,产品销售成本 60 万元,发生管理费用 5 万元,销售费用 10 万元,财务费用 2 万元,销售产品的税金及附加 5 万元(不含增值税),已知适用企业所得税税率为 25%。则该企业当年应缴纳的企业所得税是(　　)万元。
   A. 4.5　　　　　　B. 2.5　　　　　　C. 8.5　　　　　　D. 5.5

3. 某工业企业,资产总额为 2 000 万元,从业人数 80 人,202×年取得营业收入 250 万元,发生成本费用支出 110 万元,其中营业外支出中包含了税务机关的罚款 10 万元,未作纳税调整,该企业当年度符合相关企业所得税相关优惠政策的条件。则该企业应缴纳的企业所得税为(　　)万元。
   A. 6.25　　　　　　B. 4　　　　　　C. 1.6　　　　　　D. 7.5

4. 某外商投资企业某年实现的利润总额为 200 万元,通过境内民政局向灾区捐赠 20 万

元,若无其他调整项目,该企业的应税所得额为( )万元。

A. 180　　　　　B. 176　　　　　C. 200　　　　　D. 220

5. 某非居民企业在境内设立机构、场所,因会计账簿不健全,不能正确核算收入总额,但成本费用总额的 120 万元能够准确核算。税务机关决定按照核定的办法征收企业所得税,税务机关核定的利润率为 20%,该企业应缴纳的企业所得税税额为( )万元。

A. 8　　　　　B. 10　　　　　C. 7.5　　　　　D. 20

6. 202×年某居民企业主营业务收入 5 000 万元、投资收益 80 万元,与收入配比的成本 4 100 万元,全年发生的税金及附加、管理费用、销售费用和财务费用共计 700 万元,营业外支出 60 万元(其中含公益性捐赠支出 50 万元)。该企业当年无其他纳税调整事项,则 202×年度该企业应缴纳的企业所得税税额为( )万元。

A. 47.5　　　　　B. 60.9　　　　　C. 53.6　　　　　D. 54.3

7. 某批发兼零售的小型微利企业,202×年度自行申报营业收入总额 280 万元、成本费用总额 300 万元,当年亏损 20 万元。经税务机关审核,该企业申报的收入总额无法核实,成本费用核算正确。假定对该企业采取的核定征收企业所得税应税所得率为 9%,已知该企业当年度符合相关企业所得税相关优惠政策的条件。则该企业 202×年度应缴纳的企业所得税税额为( )万元。

A. 0.74　　　　　B. 1.26　　　　　C. 1.483 5　　　　　D. 1.58

8. 某工业企业为我国居民企业,会计核算健全,从业人员 30 人,资产总额 500 万元。该企业 202×年收入总额为 480 万元,成本费用支出额为 396 万元,另因自然灾害导致存货发生净损失 37 万元,已知该企业当年度符合相关企业所得税相关优惠政策的条件。则该企业当年应缴纳的企业所得税税额为( )万元。

A. 2.35　　　　　B. 2.94　　　　　C. 4.2　　　　　D. 1.175

二、多项选择题

1. 下列项目中,属于纳税调整增加额的项目有( )。

　　A. 职工教育经费支出超标准　　　　B. 利息费用支出超标准
　　C. 公益救济性捐赠超标准　　　　　D. 查补的增值税

2. 下列项目中,属于纳税调整减少额的项目有( )。

　　A. 查补的消费税　　　　　　　　　B. 多提的职工福利费
　　C. 国债利息收入　　　　　　　　　D. 多列的无形资产摊销费

三、判断题

1. 居民企业擅自销毁账簿或者拒不提供纳税资料的,税务机关有权核定征收企业所得税。(　　)

2. 能正确核算(查实)收入总额,但不能正确核算(查实)成本费用总额的,核定其应税所得率。(　　)

3. 对于在中国境内未设立机构、场所的非居民企业,转让财产所得,以收入全额为应纳税所得额。(　　)

四、业务题

1. 某国有企业202×年度取得营业收入总额4 000万元,成本、费用和损失共3 800万元。其中,列支业务招待费20万元,广告宣传费支出10万元。全年缴纳增值税50万元、消费税80万元、城市维护建设税和教育费附加13万元,企业所得税税率25%。
   要求:计算该企业当年应缴纳的企业所得税税额。

2. 某运输企业202×年资产总额为700万元,从业人员为260人,年度营业收入为100万元,各项成本支出为95万元,全年发生亏损9万元。经主管税务机关核查,该企业支出项目不能准确核算,需要采用核定应税所得税率征收方式计算所得税。主管税务机关核定该企业的应税所得率为10%。
   要求:计算该企业年度应缴纳的企业所得税税额。

3. 某内资企业202×年度会计账面利润为8万元,自行向其主管税务机关申报的应纳税所得额为8万元,申报缴纳的所得税为2万元(企业所得税税率为25%)。经某注册会计师年终审查,发现与应纳税所得额有关的业务内容如下:
   (1) 企业全年实发工资总额211.64万元,并按规定的2%、14%和8%的比例分别计算提取了工会经费、职工福利费、职工教育经费。
   (2) 自行申报应纳税所得额中含本年度的国债利息收入1.2万元。
   (3) 营业外支出账户列支有税收滞纳金0.1万元,非广告性质赞助支出3万元。
   (4) 管理费用账户中实际列支了全年的与生产经营有关的业务招待费26.5万元,经核定,企业全年的主营业务收入总额为6 500万元。
   要求:计算该企业本年度应缴纳的企业所得税税额及应补缴的企业所得税税额。

4. 某机器设备生产企业202×年全年的主营业务收入为6 000万元,其他业务收入为1 800万元,营业外收入为800万元,主营业务成本为3 500万元,其他业务成本为500万元,营业外支出为600万元,可以扣除的相关税金及附加为320万元,销售费用为900万元,管理费用为700万元(其中包括研究开发费用200万元),财务费用为30万元,投资收益为1 150万元(其中含国债利息收入50万元)。当年发生的部分具体业务如下:
   (1) 实际发放职工工资1 500万元(已计入相关成本费用),含向本企业安置的10名残疾人员支付的工资、薪金36万元。
   (2) 发生职工福利费支出220万元,拨缴工会经费24万元并取得专用收据,发生职工教育经费支出122.5万元。
   要求:(1) 计算该公司202×年的会计利润总额。
   (2) 计算该公司202×年的应纳税所得额。
   (3) 计算该公司202×年的应纳企业所得税税额。

5. 某居民企业202×年发生下列业务:
   (1) 销售产品取得收入2 000万元(不含税,下同)。
   (2) 收取当年让渡专利使用权的专利实施许可费,取得其他业务收入10万元。
   (3) 取得国债利息收入2万元。
   (4) 全年销售成本1 000万元;税金及附加100万元。
   (5) 全年销售费用500万元,含广告费400万元;全年管理费用200万元,含业务招待费80万元;全年财务费用50万元。
   (6) 全年营业外支出40万元(含通过市政府部门对灾区捐款20万元,直接对私立小学捐款10万元,违反政府规定被工商局罚款2万元)。
   要求:根据上述资料,分别回答下列问题。
   (1) 计算该企业的会计利润总额;
   (2) 计算该企业对国债利息收入的纳税调整额;
   (3) 计算该企业对广告费用的纳税调整额;

(4) 计算该企业对业务招待费的纳税调整额；

(5) 计算该企业对营业外支出的纳税调整额；

(6) 计算该企业的应纳税所得额和应纳企业所得税税额。

【知识点 12】 征收管理

一、单项选择题

1. 根据《企业所得税法》的规定，企业所得税的征收办法是(　　)。
   A. 按月征收　　　　　　　　　　　　B. 按季计征，分月预缴
   C. 按季征收　　　　　　　　　　　　D. 按年计征，分月或分季预缴

2. 境内居民企业登记注册地与实际经营管理地不一致时，其纳税地点按税法规定应该是(　　)。
   A. 登记注册地　　　　　　　　　　　B. 实际经营管理地
   C. 由税务机关决定　　　　　　　　　D. 由纳税人自行决定

3. 非居民企业在中国境内未设立机构、场所的，(　　)为企业所得税纳税地点。
   A. 收入发生地　　　　　　　　　　　B. 业务发生地
   C. 扣缴义务人所在地　　　　　　　　D. 机构、场所所在地

4. 缴纳企业所得税，月份或季度终了后要在规定的期限内预缴，年度终了后要在规定的期限内汇算清缴，其预缴、汇算清缴的规定期限分别是(　　)。
   A. 7 日、45 日　　B. 15 日、45 日　　C. 15 日、5 个月　　D. 15 日、4 个月

5. 企业应当自清算结束之日起(　　)日内，向主管税务机关报送企业所得税纳税申报表，并结清税款。
   A. 30　　　　　　B. 15　　　　　　C. 60　　　　　　D. 45

二、多项选择题

1. 根据企业所得税的相关规定，下列关于企业所得税纳税期限的表述中，正确的有(　　)。
   A. 企业所得税按年计征，分月或者分季预缴，年终汇算清缴，多退少补
   B. 企业在一个纳税年度中间开业，使该纳税年度的实际经营不足 12 个月的，应当以其实际经营期为 1 个纳税年度

C. 企业依法清算时,应当以清算期作为1个纳税年度

D. 企业在纳税年度中间终止经营活动的,应当自实际经营终止之日起 90 日内,向税务机关办理当期企业所得税汇算清缴

2. 关于企业所得税的纳税地点,下列表述正确的有( )。

A. 非居民企业在中国境内未设立机构、场所的,以扣缴义务人所在地为纳税地点

B. 非居民企业在中国境内设立两个机构、场所的,应分别申报缴纳企业所得税

C. 居民企业登记注册地在境外的,以实际管理机构所在地为纳税地点。

D. 居民企业一般以企业登记注册地为纳税地点

三、判断题

1. 居民企业的纳税地点均为企业登记注册地。( )

2. 非居民企业在中国境内设立两个或者两个以上机构、场所的,应当分别向机构、场所所在地税务机关纳税。( )

3. 企业应当在办理注销登记前,就其清算所得向税务机关申报并依法缴纳企业所得税。( )

第五章 个人所得税

【知识点1】 纳税义务人、征税范围与税率

一、单项选择题

1. 个人所得税的纳税义务人不包括（   ）。
   A. 一人有限公司   B. 个体工商户
   C. 合伙企业的合伙人   D. 个人独资企业的投资者

2. 下列各项所得中，按照"工资、薪金所得"缴纳个人所得税的是（   ）。
   A. 年终加薪   B. 托儿补助费   C. 差旅费津贴   D. 误餐补助

3. 下列各项所得中，按"工资、薪金所得"缴纳个人所得税的是（   ）。
   A. 合伙人从合伙企业按月取得的劳动所得
   B. 律师以个人名义聘请的其他人员，从律师处获得的报酬
   C. 任职于杂志社的记者在本杂志社上发表作品取得的稿费
   D. 出版社的专业作者的作品，由本社以图书形式出版而取得的稿费

4. 下列应按"财产租赁所得"项目缴纳个人所得税的是（   ）。
   A. 房产销售收入
   B. 将房产提供给债权人使用而放弃的租金收入
   C. 彩票中奖收入
   D. 出版书籍取得的收入

5. 下列某高校教师202×年8月取得的收入中，应计算缴纳个人所得税的是（   ）。
   A. 国债利息收入   B. 任职高校发放的误餐补助
   C. 为某企业开设讲座取得的酬金 D. 任职高校为其缴付的住房公积金

6. 某画家于202×年3月将其精选的书画作品交由某出版社出版，从出版社取得报酬10万元。该笔报酬在缴纳个人所得税时使用的税目是（   ）。
   A. 劳务报酬所得   B. 稿酬所得
   C. 特许权使用费所得   D. 工资、薪金所得

7. 下列各项所得中，不属于来源于中国境内所得的是（   ）。
   A. 外籍个人因持有中国的各种股票、股权而从中国境内的公司、企业或者其他经济组织及个人取得的股息、红利所得
   B. 中国公民因任职、受雇、履约等在中国境外提供各种劳务取得的所得
   C. 外籍个人转让中国境内的建筑物、土地使用权等财产取得的所得
   D. 外籍个人将设备出租给中国公司且在境内使用而取得的租金

8. 个人不在公司任职,仅在公司担任董事职务而取得的董事费收入,属于(　　)。
   A. 劳务报酬所得　　　　　　　　　　B. 特许权使用费所得
   C. 工资、薪金所得　　　　　　　　　　D. 其他所得

9. 下列各项中,不应按特许权使用费所得征收个人所得税的是(　　)。
   A. 专利权　　　　　　　　　　　　　　B. 著作权
   C. 稿酬　　　　　　　　　　　　　　　D. 非专利技术

10. 个人取得的下列所得,应按"工资、薪金所得"缴纳个人所得税的是(　　)。
    A. 杂志社财务人员在本单位的报刊上发表作品取得的所得
    B. 退休人员再任职取得的收入
    C. 个人取得特许权的经济赔偿收入
    D. 职工个人以股份形式取得的企业量化资产、参与企业分配而获得的股息

11. 下列收入中,应按"劳务报酬所得"项目缴纳个人所得税的是(　　)。
    A. 在商品营销活动中,企业对营销业绩突出的非雇员以工作考察的名义组织旅游活动,通过免收差旅费、旅游费对个人实行的营销业绩奖励,应以所发生费用的全额作为该营销人员当期的劳务收入
    B. 退休后再受雇取得的收入
    C. 在任职单位取得董事费收入
    D. 个人购买彩票取得的中奖收入

12. 个人取得的下列报酬,应按"稿酬所得"缴纳个人所得税的是(　　)。
    A. 杂志社记者在本社刊物发表文章取得的报酬
    B. 演员自己"走穴"演出取得的报酬
    C. 高校教授为某杂志社审稿取得的报酬
    D. 出版社的专业作者翻译的小说由该出版社出版取得的报酬

13. 根据个人所得税的相关规定,个人转让房屋所得应适用的税目是(　　)。
    A. 财产转让所得　　　　　　　　　　B. 偶然所得
    C. 特许权使用费所得　　　　　　　　D. 劳务报酬所得

14. 个人出租房屋使用权取得的所得是(　　)。
    A. 劳务所得　　　　　　　　　　　　B. 财产转让所得
    C. 财产租赁所得　　　　　　　　　　D. 特许使用费所得

15. 下列各项中,适用比例税率计征个人所得税的是(　　)。
    A. 劳务报酬　　　　　　　　　　　　B. 财产租赁所得
    C. 特许权使用费所得　　　　　　　　D. 稿酬所得

16. 根据个人所得税的相关规定,居民纳税人取得的下列所得中,应按"工资、薪金所得"计缴个人所得税的是(　　)。
    A. 国债利息所得　　　　　　　　　　B. 出租闲置住房取得的所得
    C. 参加商场有奖销售活动中奖取得的所得　　D. 单位全勤奖

二、多项选择题

1. 根据个人所得税的相关规定,下列各项中,不属于"工资、薪金所得"项目的有（ ）。
   A. 劳动分红
   B. 托儿补助费
   C. 独生子女补贴
   D. 误餐补助

2. 个人所得税的纳税人包括（ ）。
   A. 个体工商户
   B. 合伙企业投资者
   C. 在中国有所得的香港同胞
   D. 个人独资企业投资者

3. 下列所得,属于个人所得税"工资、薪金所得"应税项目的有（ ）。
   A. 甲公司会计张三利用每周末到乙事务所做业余审计助理的兼职所得
   B. 李四退休后再任职取得的所得
   C. 出租车驾驶员李五从事客运取得的所得,出租汽车经营单位对李五采取承租方式运营
   D. 出租车驾驶员赵六从事个体出租车运营所得

4. 企业所得税法规定的"转让财产收入"包括转让（ ）取得的收入。
   A. 无形资产
   B. 生物资产
   C. 股权
   D. 债权

5. 根据个人所得税的相关规定,下列属于"劳务报酬所得"项目的有（ ）。
   A. 大学教授张三从甲企业取得的咨询费
   B. 公司高管李四从乙大学取得的讲课费
   C. 设计院设计师王五从丙家装公司取得的设计费
   D. 编剧赵六从丁电视剧制作单位取得的剧本使用费

6. 下列人员中,为居民个人的有（ ）。
   A. 在中国境内有住所的个人
   B. 在中国境内无住所,但一个纳税年度内在中国境内累计居住满183天的个人
   C. 在中国境内无住所,但一个纳税年度内在中国境内累计居住满一年的个人
   D. 在中国境内无住所又不居住的个人

7. 根据个人所得税的相关规定,个人取得的下列收入中,应按照"劳务报酬所得"税目计缴个人所得税的有（ ）。
   A. 某研究所研究员从非雇佣企业取得的讲学收入
   B. 某职员取得的本单位全勤奖
   C. 某工程师从非雇佣企业取得的咨询收入
   D. 某高校教师从任职学校领取的工资

8. 根据个人所得税的相关规定,以下所得适用20%比例税率的有（ ）。
   A. 工资、薪金所得
   B. 财产转让所得
   C. 财产租赁所得
   D. 特许权使用费所得

9. 根据个人所得税的相关规定,下列收入中,应并入居民个人"综合所得"计缴个人所得税的有（ ）。

A. 劳动分红　　　　　　　　　　B. 出版画作取得的所得
C. 从电视剧制作中心取得的剧本使用费　　D. 转让房屋取得的所得

10. 根据个人所得税的相关规定,个人取得的下列收入中,应按照"劳务报酬所得"税目计缴个人所得税的有(　　)。
    A. 某经济学家从非雇佣企业取得的讲学收入
    B. 某职员取得的本单位优秀员工奖金
    C. 某工程师从非雇佣企业取得的咨询收入
    D. 某高校教师从任职学校领取的工资

三、判断题

1. 甲公司李某参加乙公司周年庆典活动收到的乙公司的微信红包,不需要纳税。(　　)
2. 个人取得专利赔偿所得,应按"偶然所得"项目缴纳个人所得税。(　　)
3. 作者将自己的文字作品手稿原件或复印件拍卖取得的所得,属于提供著作权的使用所得,故应按稿酬所得项目征收个人所得税。(　　)
4. 根据个人所得税法律制度的规定,一人有限责任公司不属于个人所得税纳税人。(　　)
5. 居民个人取得的工资、薪金所得,劳务报酬所得,稿酬所得,特许权使用费所得,应按月合并计算个人所得税。(　　)
6. 在中国境内有住所,或者无住所而一个纳税年度内在境内居住累计满183天的个人,属于我国个人所得税的居民纳税人。(　　)

【知识点2】　应纳税所得额

一、单项选择题

1. 下列各项中,属于专项扣除的是(　　)。
    A. 基本养老保险费　　　　　　B. 继续教育支出
    C. 赡养老人支出　　　　　　　D. 符合国家规定的商业健康保险

2. 下列关于专项附加扣除的表述中,正确的是(　　)。
    A. 3岁以下婴幼儿照护专项附加扣除标准是每孩每月1 500元
    B. 纳税人接受技能人员职业资格继续教育的支出,在取得相关证书的当年,按照每月3 600元的标准定额扣除
    C. 纳税人发生的首套住房贷款利息支出,扣除期限最长不超过240个月
    D. 赡养老人支出中的被赡养人仅指年满60岁的父母

3. 根据个人所得税的相关规定,下列专项附加扣除项目中,只能在办理汇算清缴时扣除的是(　　)。
    A. 继续教育支出　　　　　　　B. 大病医疗支出
    C. 赡养老人支出　　　　　　　D. 住房租金支出

4. 根据个人所得税的相关规定,下列关于居民个人专项附加扣除说法中,正确的是(　　)。

A. 纳税人进行赡养老人专项附加扣除时,约定分摊优于指定分摊

B. 住房租金支出由签订租赁住房合同的承租人扣除

C. 纳税人及其配偶在一个纳税年度内可以同时享受住房贷款利息、住房租金和赡养老人专项附加扣除

D. 3岁以下婴幼儿照护专项附加扣除的起算时间为婴幼儿出生的当月至满3周岁的当月

5. 李某4岁的儿子上幼儿园,10岁的女儿上小学,202×年7月份住院负担10 000元的医药费用,偿还首套房贷并偿还每月1 200元的房贷利息,专项附加扣除约定由李某一个人执行,根据个人所得税的相关规定,下列关于李某的说法中,正确的是(　　)。

A. 子女教育专项附加扣除,每年可扣除12 000元

B. 子女教育专项附加扣除,每年可扣除48 000元

C. 大病医疗专项附加扣除,每年可扣除10 000元

D. 住房贷款利息专项附加扣除,每年可扣除14 400元

6. 下列所得中,未规定可以一个月内取得的收入为一次纳税的是(　　)。

A. 稿酬所得　　　　　　　　　B. 劳务报酬所得

C. 财产租赁所得　　　　　　　D. 利息所得

7. 下列关于继续教育专项附加扣除的表述中,说法不正确的是(　　)。

A. 纳税人接受技能人员职业资格继续教育、专业技术人员职业资格继续教育支出,在取得相关证书的年度,按照每年3 600元定额扣除

B. 个人接受硕士学历继续教育,可以选择由父母扣除

C. 个人接受本科学历继续教育,可以选择由父母扣除

D. 纳税人的子女接受硕士学历教育,可以由子女父母一方按标准的100%扣除

8. 个体工商户在计算个人所得税应纳税所得额时,可以扣除的项目是(　　)。

A. 个体工商户业主个人的工资、薪金

B. 财产保险支出

C. 个体工商户为从业人员支付的商业保险

D. 在生产经营活动中发生的需要资本化的借款费用

9. 在计算缴纳个人所得税时,个人通过非营利性的社会团体和国家机关进行的公益性捐赠,不能在应纳税所得额中全额扣除的是(　　)。

A. 向红十字事业的捐赠　　　　B. 向农村义务教育的捐赠

C. 向中国绿化基金会的捐赠　　D. 公益性青少年活动场所的捐赠

10. 根据规定,计算财产转让所得时,下列各项准予扣除的是(　　)。

A. 定额800元　　　　　　　　B. 定额800元或定率20%

C. 财产净值　　　　　　　　　D. 财产原值和合理费用

11. 个体工商户发生的下列支出中,允许在个人所得税税前扣除的是(　　)。

A. 用于家庭的支出　　　　　　B. 非广告性质赞助的支出

C. 生产经营过程中发生的财产转让损失　　D. 已缴纳的增值税税款

12. 根据个人所得税的相关规定,下列各项中,在计算个体工商户经营所得应纳税所得额时,可以从其收入总额中减除的是( )。
   A. 税收滞纳金
   B. 非广告性赞助的支出
   C. 个人所得税税款
   D. 允许弥补的以前年度亏损

13. 下列各项中,符合个人所得税专项附加扣除规定的是( )。
   A. 纳税人子女在中国境内接受高中教育的支出,按照每月 400 元(每年 4 800 元)定额扣除
   B. 可扣除的首套住房贷款利息是指购买唯一住房的住房贷款利息
   C. 享受住房租金专项附加扣除的纳税人,夫妻双方主要工作城市相同的,只能由一方扣除住房租金支出
   D. 纳税人可同时分别享受住房贷款利息专项附加扣除和住房租金专项附加扣除

14. 按照我国个人所得税的相关规定,纳税人接受技能人员职业资格继续教育、专业技术人员职业资格继续教育支出,在取得相关证书的当年,可按照一定的标准定额扣除,该标准是( )元。
   A. 2 000
   B. 3 600
   C. 4 800
   D. 12 000

15. 个体工商户在生产经营活动中应当分别核算生产经营费用和个人、家庭费用。对于生产经营与个人、家庭生活混用难以分清的费用,按照一定比例视为与生产经营有关的费用准予扣除。这一比例是( )。
   A. 20%
   B. 30%
   C. 40%
   D. 50%

二、多项选择题

1. 根据个人所得税的相关规定,下列说法不正确的有( )。
   A. 纳税人的继续教育支出只能由本人按照继续教育支出扣除
   B. 纳税人只能享受一次首套住房贷款的利息扣除
   C. 3 岁以下婴幼儿照护专项附加扣除可以由父母双方分别按扣除标准的 50% 扣除
   D. 进行住房租金专项附加扣除时,纳税人应当留存住房租赁合同

2. 个体工商户在计算个人所得税应纳税所得额时,下列可以扣除的项目中,正确的有( )。
   A. 投资者家庭生活费准予扣除
   B. 广告费和业务招待费准予扣除
   C. 向其从业人员实际支付的合理的工资、薪金支出准予扣除
   D. 不超过应税所得额 30% 的公益性捐赠准予扣除

3. 根据个人所得税的相关规定,个人发生的下列公益、救济性捐赠支出,准予税前全额扣除的有( )。
   A. 通过国家机关向红十字事业的捐赠
   B. 通过国家机关向农村义务教育的捐赠
   C. 通过非营利社会团体向公益性青少年活动场所的捐赠

D. 个人将其所得对教育公益慈善事业进行捐赠

4. 根据个人所得税的相关规定,下列说法正确的有( )。
   A. 财产租赁所得,以一个月内取得的收入为一次
   B. 利息所得,以支付时取得的收入为一次
   C. 偶然所得,以每次取得的该项收入为一次
   D. 非居民个人取得的劳务报酬所得、稿酬所得、特许权使用费所得,以取得该项收入为一次

5. 根据个人所得税的相关规定,下列各项中,属于专项附加扣除的有( )。
   A. 继续教育　　　　　　　　B. 子女抚养
   C. 赡养老人　　　　　　　　D. 子女教育

6. 根据个人所得税的相关规定,下列支出中,在计算个体工商户个人所得税应纳税所得额时,不得扣除的有( )。
   A. 从业人员的合理工资　　　　B. 计提的各项准备金
   C. 业主本人工资　　　　　　　D. 业主的家庭生活费用

7. 以下属于个人所得税专项扣除的项目有( )。
   A. 基本医疗保险　　　　　　B. 住房公积金
   C. 大病医疗　　　　　　　　D. 住房租金

8. 下列关于个人所得税专项附加扣除的表述中,不正确的有( )。
   A. 甲参加驾校培训取得驾驶执照,可以享受继续教育专项附加扣除
   B. 乙赡养60周岁以上的岳父母,可以享受赡养老人专项附加扣除
   C. 丙在中国境外贷款购买住房,可享受住房贷款利息专项附加扣除
   D. 丁父母的医药费支出,在一个纳税年度内、医保目录范围内的自付部分累计超过15 000元的部分,可以由丁享受大病医疗专项附加扣除

9. 纳税人子女所处的下列情形中,纳税人可享受"子女教育"个人所得税专项附加扣除的有( )。
   A. 接受境内全日制本科教育
   B. 2岁孩子接受早托班的支出
   C. 接受教育部认可学籍的广播电视大学的教育
   D. 进入博士后工作站

10. 下列情形中,纳税人可享受"继续教育"个人所得税专项附加扣除的有( )。
    A. 接受境内在职研究生教育
    B. 接受境外在职研究生教育
    C. 参加烹饪培训,取得培训班发给的证书
    D. 参加教育部认可学籍的夜大的非全日制函授学习

11. 按照我国个人所得税的相关规定,纳税人年满3周岁的子女接受学前教育和学历教育的相关支出,按照每个子女每月2 000元(每年24 000元)的标准定额扣除。下列关于

扣除的相关表述正确的有( )。

A. 父母可以选择由其中一方按扣除标准的100%扣除

B. 父母可以选择由双方分别按扣除标准的70%、30%扣除

C. 父母可以选择由双方分别按扣除标准的50%扣除

D. 具体扣除方式在一个纳税年度内不能变更

12. 小雷大学毕业工作一年后开始攻读在职研究生,下列关于三年在职读研期间的教育费用的扣除,说法正确的有( )。

A. 由本人扣除

B. 可以选择由其父母扣除,也可以选择由本人扣除

C. 按照每月1 000元(每年12 000元)的标准定额扣除

D. 按照每月400元(每年4 800元)的定额扣除

三、判断题

1. 两个以上的个人共同取得同一项目收入的,应当合并计缴纳税。( )

2. 个人转租房屋的,其向房屋出租方支付的租金及增值税额,在计算个人所得税财产租赁所得时,准予扣除。( )

3. 同一作品在报刊上连续取得收入的,以连载一个月内取得的收入为一次,计征个人所得税。( )

4. 专项扣除包括生育保险和工伤保险,不包括个人缴纳的其他商业保险。( )

5. 纳税人及其配偶在一个纳税年度内,可以同时分别享受住房贷款利息和住房租金专项附加扣除。( )

6. 赡养岳父母或公婆的费用,可以享受个人所得税赡养老人专项附加扣除。( )

7. 专项扣除、专项附加扣除和依法确定的其他扣除,以居民个人一个纳税年度的应纳税所得额为限额;一个纳税年度扣除不完的,不结转以后年度扣除。( )

【知识点3】 税收优惠

一、单项选择题

1. 个人取得的下列所得,免征个人所得税的是( )。

A. 县级人民政府颁发的教育方面的奖金　　B. 按国家统一规定发放的补贴、津贴

C. 提前退休发放的一次性补贴　　D. 转让国债的所得

2. 根据个人所得税的相关规定,下列情形中,免征个人所得税的是( )。

A. 陈某取得所在公司发放的销售业绩奖金

B. 杨某获得县教育部门颁发的教育方面的奖金

C. 王某获得省政府颁发的科学方面的奖金

D. 李某取得所在单位发放的年终奖

3. 根据个人所得税的相关规定,个人的下列所得中,不属于个人所得税免税项目的是( )。

A. 国债利息 B. 军人的转业费
C. 出租厂房取得的租金 D. 国家发行的金融债券利息

4. 下列项目中,可以免征个人所得税的是( )。
A. 个人为单位或他人提供担保获得的收入 B. 单位发放的加班补贴
C. 个人举报违法行为获得的奖金 D. 民间借贷的利息

5. 对于县级政府颁布的科学、教育、技术文化、卫生、体育、环境保护等方面的奖金,应( )。
A. 免征个人所得税 B. 适当减征个人所得税
C. 征收个人所得税 D. 减半征收个人所得税

6. 下列所得中,免征个人所得税的是( )。
A. 年终加薪
B. 拍卖本人文字作品手稿原件的收入
C. 个人取得的保险赔款
D. 从投资管理公司取得的非上市公司派息分红

二、多项选择题

1. 根据个人所得税的相关规定,下列各项中,免征个人所得税的有( )。
A. 军人的退役金 B. 残疾人员的所得 C. 保险赔款 D. 福利费

2. 根据个人所得税的相关规定,外籍个人取得的下列所得中,暂免征收个人所得税的有( )。
A. 以现金形式取得的住房补贴、伙食补贴、搬迁费、洗衣费
B. 按合理标准取得的境内、境外出差补贴
C. 取得的经当地税务机关审核批准为合理部分的语言训练费、子女教育费
D. 从外商投资企业取得的股息、红利所得

3. 根据个人所得税的相关规定,下列各项中,不需要缴纳个人所得税的有( )。
A. 离退休人员从社保部门领取的养老金
B. 个人获得的企业债券利息
C. 个人取得的保险赔款
D. 个人提取由单位和个人共同缴付的住房公积金

4. 根据现行税法规定,下列各项中,免征个人所得税的有( )。
A. 张某取得退休工资 6 000 元
B. 李某取得境内上市公司的股票转让所得 5 万元
C. 王某取得救济金 2 万元
D. 赵某举报税务违法行为获得奖金 1 万元

5. 根据现行税法规定,下列个人所得可以免征个人所得税的有( )。
A. 购买公司债券取得的利息
B. 外籍个人从外商投资企业取得的股息、红利所得

C. 个人办理代扣代缴税款手续,按规定取得的扣缴手续费

D. 个人转让自用达2年并且是家庭唯一的生活用房取得的所得

6. 下列各项中,准予免征个人所得税的有(　　)。

　　A. 个人取得的保险赔款

　　B. 军人的转业费

　　C. 国家发行的金融债券利息

　　D. 外籍个人以现金形式取得的住房补贴和伙食补贴

7. 下列项目中,可减征个人所得税的有(　　)。

　　A. 国家发行的金融债券的利息

　　B. 外籍个人从外商投资企业取得的红利

　　C. 残疾人、孤老人员、烈属取得的所得

　　D. 因自然灾害遭受重大损失的

三、判断题

1. 因严重自然灾害造成重大损失的,免征个人所得税。　　　　　　　　　　(　　)

2. 残疾、孤老人员和烈属的所得,免征个人所得税。　　　　　　　　　　　(　　)

3. 对个人取得的2012年及以后年度发行的地方政府债券利息收入,免征个人所得税。

(　　)

【知识点4】 居民个人综合所得计税方法

一、单项选择题

1. 中国公民张某202×年1月取得工资10 000元,缴纳基本养老保险费、基本医疗保险费、失业保险费、住房公积金2 000元,支付首套住房贷款本息2 500元。已知,工资、薪金所得的个人所得税预扣率为3%,减除费用为5 000元/月,住房贷款利息专项附加扣除标准为1 000元/月,由张某按扣除标准的100%扣除。下列计算张某当月工资应预扣预缴个人所得税税额的算式中,正确的是(　　)。

　　A. (10 000−5 000−2 000−1 000)×3%=60(元)

　　B. (10 000−5 000−2 000−2 500)×3%=15(元)

　　C. (10 000−5 000−2 000)×3%=90(元)

　　D. (10 000−2 500)×3%=225(元)

2. 中国公民李某202×年10月提供咨询服务取得劳务报酬5 200元,支付交通费200元。已知,劳务报酬所得个人所得税预扣率为20%,每次收入4 000元以上的,减除费用按20%计算。下列计算李某当月该笔劳务报酬应预扣预缴个人所得税税额的算式中,正确的是(　　)。

　　A. (5 200−200)×20%=1 000(元)

　　B. 5 200×20%=1 040(元)

　　C. 5 200×(1−20%)×20%=832(元)

D. $(5\,200-200)\times(1-20\%)\times20\%=800$(元)

3. 202×年1月,王某的一篇论文被编入某论文集出版,取得稿酬5 000元,已知稿酬所得预扣率为20%。根据个人所得税法律制度的规定,王某当月预扣预缴的个人所得税为( )元。

   A. 560 B. 800 C. 840 D. 700

4. 王某取得稿酬20 000元,讲课费4 000元。根据税法的相关规定,王某应预扣预缴的个人所得税税额为( )元。

   A. 2 688 B. 2 880 C. 3 840 D. 4 800

5. 中国居民陈某是某高校的一名教授,同时担任一股份有限公司的独立董事,202×年1月取得董事费收入100 000元。根据个人所得税法的相关规定,陈某1月份取得董事费收入中被预扣预缴的个人所得税税额为( )元。

   A. 16 000 B. 20 000 C. 22 000 D. 25 000

6. 202×年1月至12月,居民个人小张全年收入情况为:获得工资7 800元/月,加班工资100元/月,差旅费津贴1 800元/月。202×年小张缴纳的个人所得税税额是( )元。

   A. 3 120 B. 1 008 C. 1 044 D. 6 960

7. 王某为境内一名作家,202×年10月王某所写的一本散文集出版,取得稿酬所得50 000元。王某该笔稿酬所得应预扣预缴的个人所得税税额为( )元。

   A. $50\,000\times(1-20\%)\times70\%\times30\%-2\,000=6\,400$
   B. $50\,000\times(1-20\%)\times70\%\times20\%=5\,600$
   C. $50\,000\times(1-20\%)\times20\%=8\,000$
   D. $(50\,000-800)\times70\%\times20\%=6\,888$

8. 202×年9月,李某为某公司提供技术服务,取得劳务报酬所得8 000元。李某当月该笔劳务报酬所得应预扣预缴的个人所得税税额为( )元。

   A. $8\,000\times(1-20\%)\times20\%=1\,280$ B. $(8\,000-800)\times20\%=1\,440$
   C. $8\,000\times(1-20\%)\times70\%\times20\%=8\,960$ D. $(8\,000-800)\times70\%\times20\%=1\,008$

9. 202×年居民张教授共取得稿酬60 000元,在所任职的学校的讲课费为7 000元/月,已知张教授租房居住在北京。所需的专项附加扣除信息已按规定提交税务机关,并且符合要求(不考虑专项扣除)。根据个人所得税的相关规定,张教授应缴纳的个人所得税税额为( )元。

   A. 864 B. 1 560 C. 360 D. 1 440

10. 居民刘先生于202×年8月取得特许权使用费收入100 000元,9月又取得一项特许权使用费收入50 000元。刘先生无其他收入,12月生病住院负担医药费20 000元,所需信息均向税务机关提交,并且符合规定(不考虑专项扣除)。刘先生202×年应缴纳的个人所得税税额为( )。

    A. 2 980 B. 4 480 C. 2 940 D. 3 280

11. 杨教授为我国居民个人,编著的一本教材于202×年1月出版,获稿酬80 000元。因市场需要,202×年3月再版该教材又获稿酬60 000元。202×年杨教授没有其他所得,杨教授获得的两次稿酬收入实际应缴纳的个人所得税税额为(　　)元(不考虑专项扣除以及其他扣除)。

　　A. 1 232　　　　　　B. 4 990　　　　　　C. 552　　　　　　D. 1 204

12. 居民个人应当在取得所得的次年3月1日至(　　)内,办理年度汇算清缴。

　　A. 6月30日　　　　B. 5月30日　　　　C. 4月30日　　　　D. 12月31日

13. 某职员(独生子)202×年1月的工资、薪金收入为12 000元,其中含单位应为其扣缴的基本养老保险260元、基本医疗保险120元、失业保险40元;单位当月代扣欠缴供暖费500元;该职员还要赡养其62岁的父母及供其七年级的女儿读书(对子女教育和赡养老人专项附加的扣除,选择在单位预扣预缴其税款时扣除),则其当月工资、薪金的累计预扣预缴应纳税所得额是(　　)元。

　　A. 4 580　　　　　　B. 4 080　　　　　　C. 3 580　　　　　　D. 3 080

二、多项选择题

1. 居民个人综合所得个人所得税的计算方法,包括(　　)。

　　A. 预扣预缴税款的计算方法

　　B. 综合所得汇算清缴的计算方法。

　　C. 直接计算法

　　D. 间接计算法

2. 下列专项附加扣除中,可由纳税人选择在预扣预缴税款时进行扣除的有(　　)。

　　A. 子女教育　　　　　　　　　　　B. 大病医疗

　　C. 住房贷款利息　　　　　　　　　D. 赡养老人

3. 下列收入额不减按70%计算的有(　　)。

　　A. 稿酬所得　　　　　　　　　　　B. 劳务报酬所得

　　C. 特许权使用费所得　　　　　　　D. 工资、薪金所得

4. 居民个人年度汇算清缴时,以收入额减去20%的费用后的余额为综合所得收入额的有(　　)。

　　A. 稿酬所得　　　　　　　　　　　B. 劳务报酬所得

　　C. 特许权使用费所得　　　　　　　D. 工资、薪金所得

三、判断题

1. 累计预扣法中所指的累计减除费用,是5 000元/月乘以纳税人当年截至本月在本单位的任职受雇月份数计算的数额。(　　)

2. 大病医疗专项附加扣除只在汇算清缴时扣除。(　　)

3. 扣缴义务人向居民个人支付劳务报酬所得适用20%的预扣率。(　　)

4. 特许权使用费所得收入额减按70%计算。(　　)

四、业务题

1. 中国公民张某在某省会城市的甲公司任职,取得的收入情况如下:

(1) 202×年每月的工资收入为15 000元,张某自行负担的、符合规定标准的"三险一金"合计为1 500元。

(2) 擅长写作的张某于202×年6月出版一本短篇小说,取得稿酬50 000元。

已知:张某在工作之余接受专业技术人员职业资格继续教育并于202×年3月取得相关证书,为接受继续教育所发生的支出为5 000元;由于202×年在主要工作城市没有住房,张某每月需要支付租金2 000元;张某已向甲公司提供有关信息并依法要求办理专项附加扣除,张某选择在预扣预缴税款时扣除专项附加扣除项目。

要求:(1) 计算张某取得工资收入202×年2月被预扣预缴的个人所得税税额。

(2) 计算张某取得稿酬所得被预扣预缴的个人所得税税额。

2. 张某任职于国内某化妆品公司,为我国居民纳税人,202×年全年取得的收入如下:

(1) 从化妆品公司取得基本工资12 000元/月,加班工资1 000元/月,独生子女费补贴200元/月,差旅费津贴1 800元/月,误餐补助500元/月,缴纳"三险一金"2 250元。

(2) 202×年3月为某公司提供经纪服务,取得报酬24 000元。

已知:张某的独生子正就读于高中二年级;张某当年接受计算机专业技术人员职业资格继续教育,并取得相关证书,支出为5 000元,经约定符合条件的子女教育专项附加扣除由张某一方按标准的100%扣除,继续教育专项附加扣除由张某本人扣除。

要求:(1) 计算张某每月计入"工资、薪金所得"项目的金额。

(2) 计算张某提供经纪服务取得的所得中被预扣预缴的个人所得税税额。

(3) 计算张某全年综合所得应缴纳的个人所得税税额。

3. 周某202×年1～3月每月工资收入为28 000元,"三险一金"等专项扣除为4 200元,名下有首套住房贷款及利息需偿还,周某为独生子女且父母均已年过60周岁,其独生女正就读小学三年级。夫妻双方约定由周某扣除贷款利息和子女教育费。

要求:计算周某所在公司1～3月每月应预扣预缴的税额。

4. 居民个人李某为独生子,202×年交完社保和住房公积金后,共取得税前工资收入25万元,劳务报酬收入6万元,稿酬收入1万元。李某有一个上小学的儿子以及一个1岁的女儿,均享受了相应的专项附加扣除,李某的父母健在且均已年满60周岁。

要求:计算李某当年应缴纳的个人所得税税额。

【知识点5】 非居民个人四项所得计税方法

一、单项选择题

1. 汤姆为我国的非居民个人,其在202×年5月15日来北京工作,10月13日离开中国。在中国工作期间,每月取得工资28 000元。已知工资、薪金所得超过12 000元至25 000元的,适用税率为20%,速算扣除数为1 410元。根据个人所得税法律制度的规定,202×10月汤姆应缴纳的个人所得税税额为(   )。

　　A. 4 190元　　　　B. 3 190元　　　　C. 1 290.3元　　　　D. 940.81元

2. 202×年1月,非居民个人理查德为张某提供一个月的钢琴培训,分两次取得劳务报酬,分别为1 000元、5 000元,共计6 000元。已知劳务报酬所得超过3 000元至12 000元的,适用税率为10%,速算扣除数为210元。下列计算理查德当月钢琴培训劳务报酬应缴纳个人所得税额的算式中,正确的是(   )。

　　A. 6 000×10%－210＝390(元)

　　B. (1 000－800)×10%－210＋(5 000－800)×10%－210＝20(元)

C. 6 000×(1−20%)×10%−210＝270(元)

D. (6 000−800)×10%−210＝310(元)

3. 在我国无住所的非居民个人汤姆,202×年7月在我国境内出版一篇小说,取得稿酬收入 60 000 元。汤姆应在我国缴纳的个人所得税税额为(　　)元。

　　A. 6 720　　　　B. 5 740　　　　C. 4 490　　　　D. 8 490

4. 韩国居民崔先生 202×年3月15日受其任职的境外公司委派,来华从事设备安装调试工作,在华停留 60 天。202×年4月取得中国体育彩票中奖收入 20 000 元。崔先生 202×年4月应在中国缴纳的个人所得税税额为(　　)元。

　　A. 4 000　　　　B. 5 650　　　　C. 9 650　　　　D. 10 250

二、多项选择题

以下项目中,非居民个人是以各自的收入减去 20%的费用后的余额为收入额的有(　　)

A. 劳务报酬所得　　　　　　　　B. 稿酬所得

C. 偶然所得　　　　　　　　　　D. 工资、薪金所得

三、判断题

1. 劳务报酬所得、稿酬所得、特许权使用费所得,属于一次性收入的,以取得该项收入为一次。(　　)

2. 稿酬所得的计税收入额为实际收入额的 56%。(　　)

3. 非居民个人的工资、薪金所得,以每月收入额减除费用 5 000 元后的余额为应纳税所得额。(　　)

四、业务题

某美国专家(非居民个人)临时来华工作,202×年2月取得以下收入:

(1) 由所在企业发放的工资收入 40 000 元人民币;

(2) 受某大学邀请担任外语比赛评委,取得劳务报酬 6 000 元人民币。

要求:计算当月其应缴纳的个人所得税税额。

【知识点6】 非综合所得项目计税方法

一、单项选择题

1. 202×年3月李某购买福利彩票,取得一次中奖收入 15 000 元,李某将其中的 5 000 元通过国家机关向农村义务教育捐赠。已知偶然所得的个人所得税的税率为 20%。下列计算李某中奖收入应缴纳个人所得税税额的算式中,正确的是(　　)。

A. (15 000－5 000)×20％＝2 000(元)

B. 15 000×20％＝3 000(元)

C. 15 000÷(1－20％)×20％＝3 750(元)

D. (15 000－5 000)÷(1－20％)×20％＝2 500(元)

2. 202×年9月,小张取得如下所得:从甲上市公司取得股息收入1 000元,小张已持有该公司股票5个月;从乙非上市公司取得股息收入1 500元,小张已持有该公司股票5年;取得银行储蓄存款利息2 500元。小张9月份应缴纳的个人所得税税额是(　　)元。

　A. 400　　　　　B. 250　　　　　C. 750　　　　　D. 1 000

3. 某公司对累积消费达到一定程度的顾客给予额外抽奖机会,王某抽奖获得20 000元,当即拿出5 000元对教育公益慈善事业进行捐赠,其应缴纳的个人所得税税额为(　　)元。

　A. 4 000　　　　B. 1 000　　　　C. 6 000　　　　D. 3 000

4. 中国公民小刘202×年1月购买体育彩票,取得中奖收入20 000元,购买体育彩票支出700元。下列计算小刘1月体育彩票中奖收入应纳个人所得税税额的算式中,正确的是(　　)。

A. (20 000－700)×20％＝3 860(元)

B. 20 000÷(1－20％)×20％＝5 000(元)

C. (20 000－700)÷(1－20％)×20％＝4 825(元)

D. 20 000×20％＝4 000(元)

5. 202×年9月李某出租自有住房,取得租金收入8 000元,房屋租赁过程中缴纳税费240元,支付该房屋修缮费1 000元。已知个人出租住房的个人所得税费暂减按10％征收,每次收入4 000元以上的减除20％的费用。下列计算王某当月出租住房应缴纳个人所得税税额的算式中,正确的是(　　)。

A. (8 000－240－800)×10％＝696(元)

B. (8 000－240－1 000)×10％＝676(元)

C. (8 000－240－1 000)×(1－20％)×10％＝540.8(元)

D. (8 000－240－800)×(1－20％)×10％＝556.8(元)

6. 202×年1月,张某出租一套住房,取得当月租金收入3 800元,财产租赁过程中缴纳的税费为152元,发生修缮费600元。已知个人出租住房暂减按10％的税率征收个人所得税;财产租赁所得,每次收入不超过4 000元的,减除费用800元。下列计算张某当月租金收入应缴纳个人所得税税额的算式中,正确的是(　　)。

A. (3 800－152－600－800)×10％＝224.8(元)

B. (3 800－800)×10％＝300(元)

C. 3 800×10％＝380(元)

D. (3 800－152－600)×10％＝304.8(元)

7. 202×年1月,周某在商场举办的有奖销售活动中获得奖金4 000元,周某领奖时支付交通费30元、餐费70元。已知偶然所得个人所得税税率为20%,下列计算周某中奖奖金的所得税税额的算式中,正确的是( )。
   A. (4 000−70)×20%=786(元)   B. (4 000−30−70)×20%=780(元)
   C. (4 000−30)×20%=794(元)   D. 4 000×20%=800(元)

8. 我国居民李某于202×年12月取得偶然所得3 000元,当即将偶然所得中的1 000元通过国家机关捐赠给贫困地区(取得捐赠证明),则支付其偶然所得的单位应扣缴李某的个人所得税税额为( )元。
   A. 500   B. 400   C. 420   D. 600

9. 王先生有一商铺,202×年1月1日将商铺出租,每月取得不含增值税的租金收入4 800元,出租过程中每月缴纳可在税前扣除的相关税费为576元。202×年7月,王先生对出租商铺维修花费了4 800元并能提供相应合理票据。则王先生202×年度的租赁所得应缴纳的个人所得税税额为( )元。
   A. 4 016.64   B. 7 203.84   C. 8 079.36   D. 8 110.08

10. 某人自建房屋一栋,造价300 000元。建成后转让房屋,取得收入600 000元,支付合理费用30 000元,其应缴纳的个人所得税税额为( )元。
    A. 60 000   B. 54 000   C. 114 000   D. 120 000

11. 202×年李某出租房屋发生了下列支出,在计算房屋租赁所得应缴纳个人所得税税额时,准予扣除的是( )。
    A. 供暖费2 000元   B. 宽带费500元
    C. 购房贷款2 500元   D. 房屋修缮费700元

12. 202×年6月,王某出租商铺取得当月租金收入8 000元,租赁过程中缴纳的税费为968元,发生商铺修缮费用1 000元(取得合法票据)。已知财产租赁所得个人所得税税率为20%,财产租赁所得每次(月)收入在4 000元以上的,减除20%的费用。下列计算王某当月出租商铺应缴纳个人所得税税额的算式中,正确的是( )。
    A. (8 000−968−1 000)×(1−20%)×20%=965.12(元)
    B. 8 000×(1−20%)×20%=1 280(元)
    C. (8 000−968−800)×(1−20%)×20%=997.12(元)
    D. (8 000−1 000)×(1−20%)×20%=1 120(元)

二、多项选择题

1. 中国公民陈某,202×年11月取得房屋租金收入6 000元(不含增值税),房屋租赁过程中缴纳的、可以税前扣除的相关税费240元,支付该房屋的修缮费500元、购房贷款2 200元、供暖费2 300元。根据个人所得税的相关规定,李某当月下列各项支出中,在计算房屋租金收入应缴纳个人所得税税额时,准予扣除的有( )。
   A. 供暖费2 300元   B. 相关税费240元
   C. 购房贷款2 200元   D. 房屋修缮费500元

2. 下列有关个体工商户计算缴纳个人所得税的表述中,正确的有(　　)。
   A. 个体工商户业主的工资、薪金支出,允许税前据实扣除
   B. 每一纳税年度发生的与其生产经营活动直接相关的业务招待费支出,均应按照发生额的60%扣除
   C. 每一纳税年度发生的广告费和业务宣传费,不超过当年销售(营业)收入15%的部分,可据实扣除;超过部分,准予在以后纳税年度结转扣除
   D. 取得经营所得的个体工商户业主,没有综合所得的,计算其每一纳税年度的应纳税所得额时,应当减除费用6万元专项扣除、专项附加扣除以及依法确定的其他扣除

三、判断题
1. 偶然所得按次计征个人所得税。　　　　　　　　　　　　　　　　　　　(　　)
2. 李某在一次有奖购物抽奖中,购买了价值3 000元的电视机并抽中"特别奖",金额为1 000元。李某应缴纳的个人所得税税额为200元。(　　)
3. 财产租赁所得以1年内取得的收入为一次。　　　　　　　　　　　　　　(　　)
4. 财产转让所得以一件财产的所有权、一次转让取得的收入为一次。　　　(　　)
5. 对个人购买福利彩票、体育彩票,一次性中奖收入在1万元以下的(含1万元),暂免征收个人所得税,超过1万元的,按超出部分计算征收个人所得税。(　　)
6. 个体工商户生产经营活动中,应当分别核算生产经营费用和个人、家庭费用。对于生产经营与个人、家庭生活混用难以分清的费用,全部视为个人、家庭生活费用,不允许在税前扣除。(　　)

四、业务题
1. 张某为中国公民,就职于中国境内的甲公司。202×年全年张某从境内取得除工资以外的如下收入:
   (1) 购买体育彩票,获得中奖收入12 000元。
   (2) 7月份出租居住用房,获得租金收入2 000元。
   要求:计算张某就以上所得应缴纳的个人所得税税额。

2. 刘某任职于国内某公司,为我国居民纳税人,202×年全年取得除工资以外的收入如下:
   (1) 12月份出租居住用房,获得租金收入3 500元,当月发生修理费1 000元。
   (2) 购买赈灾彩票,获得中奖收入20 000元,对扶贫公益慈善事业捐赠8 000元。
   (3) 取得A股股息收入500元(持股8个月)。

要求：分别计算刘某以上各项所得应缴纳的个人所得税税额。

3. 某个体工商户202×年的生产经营情况如下：
   (1) 全年取得与生产、经营活动有关的收入30万元；
   (2) 业主本人的工资支出为10万元；
   (3) 业主本人向当地工会组织拨的工会经费、实际发生的职工福利费支出、职工教育经费支出分别为3万元、4万元、2万元；
   (4) 发生费用3万元，无法分清家庭支出和生产经营支出的具体数额。
   已知当地上年社会平均工资为4万元，无其他项目所得。
   要求：计算该个体工商户202×年应缴纳的个人所得税税额。

【知识点7】 应纳税额计算的其他规定

一、单项选择题
1. 孙某202×年12月从中国境内取得年终奖金91 200元，全年一次性奖金选择单独计税，已知应纳税所得额不超过3 000元的部分，适用税率3%；超过3 000元至12 000元的部分，适用税率10%，速算扣除数为210。则孙某12月份取得全年一次性奖金应缴纳个人所得税税额的下列计算中，正确的是（　　）。
   A. (91 200÷12)×10%−210=550(元)　　B. (91 200÷12)×3%=228(元)
   C. 91 200×10%−210=8 910(元)　　　　D. 91 200×3%=2 736(元)

2. 中国公民王先生在甲公司工作了2年，202×年1月与甲公司解除聘用关系，取得一次性补偿收入150 000元。甲公司所在地上年度职工平均工资为40 000元。王先生的补偿收入应缴纳的个人所得税税额为（　　）元。
   A. 0　　　　　　B. 750　　　　　　C. 900　　　　　　D. 1 050

3. 中国公民张某202×年10月底与中国境内的甲公司解除了劳动关系,甲公司一次性支付张某经济补偿金250 000元、生活补助费50 000元。已知张某所在地上年度职工平均工资为5 000元/月,张某应就其取得的补偿收入缴纳的个人所得税税额为(　　)元。
   A. 0　　　　　　B. 4 480　　　　　　C. 9 480　　　　　　D. 7 308

4. 中国公民张某为某事业单位的职员,202×年10月初办了提前退休手续,取得一次性补贴收入360 000元,张某办理提前退休手续时还有3年到法定退休年龄。张某应就其一次性补贴收入缴纳个人所得税(　　)元。
   A. 10 800　　　B. 10 440　　　C. 28 440　　　D. 57 480

5. 202×年10月,中国公民黄某将持有的限售股全部转让,取得收入50万元,该限售股的原值为30万元,转让过程中发生的合理税费为1万元。根据个人所得税的相关规定,黄某应缴纳的个人所得税税额为(　　)万元。
   A. 5　　　　　　B. 4　　　　　　C. 3.8　　　　　　D. 2.8

6. 中国公民李某202×年12月的工资为4 200元,12月除取得当月工资以外,还取得全年一次性奖金10 000元。李某202×年12月全年一次性奖金应缴纳的个人所得税税额是(　　)元。(注:全年一次性奖金选择不并入综合所得计算个税)
   A. 256　　　　　B. 300　　　　　C. 458　　　　　D. 165

二、多项选择题

关于解除劳动关系取得一次性补偿收入的个人所得税处理,下列表述中,正确的有(　　)。
A. 个人与用人单位解除劳动关系取得一次性补偿收入,全额单独缴纳个人所得税
B. 个人与用人单位解除劳动关系取得一次性补偿收入,全额并入当年综合所得
C. 个人与用人单位解除劳动关系取得一次性补偿收入,在当地上年度职工平均工资3倍数额以内的部分,免征个人所得税
D. 个人与用人单位解除劳动关系取得一次性补偿收入,包括用人单位发放的经济补偿金和生活补助费等

三、判断题

1. 居民个人一个纳税年度内取得两次以上(含两次)股权激励的,应合并计算纳税额。(　　)
2. 个人办理提前退休手续而取得的一次性补贴收入,应按照办理提前退休手续至法定离退休年龄之间实际年度数平均分摊,确定适用税率和速算扣除数。(　　)
3. 退休人员再任职取得的收入不得减除5 000元/月费用扣除标准。(　　)
4. 居民个人取得全年一次性奖金,符合相关规定的,在2027年12月31日前,不并入当年综合所得。(　　)

四、业务题

1. 中国居民纳税人张某任国内某上市公司的高级工程师,202×年取得的部分收入如下:
   张某于202×年2月13日对2年前获得的4 000份股票期权实施行权,当日公司股票

的收盘价为9.6元。该股票期权授予价格为每份6元。

要求：计算张某实施股票期权行权应缴纳的个人所得税税额。

2. 202×年2月，某单位增效减员，与在单位工作了8年的张萌解除劳动关系，张萌取得一次性补偿收入20万元，当地上年度职工的平均工资为65 000元。

要求：计算张萌该项收入应缴纳的个人所得税税额。

3. 中国公民肖某202×年1月份取得上年度的年终奖金60 000元。肖某选择不并入当年综合所得的计税方法。

要求：计算肖某年终奖应缴纳的个人所得税税额。

【知识点8】 征收管理

一、单项选择题

1. 居民个人取得综合所得，需要办理汇算清缴的，应当在取得所得的一定期间内办理汇算清缴。该期间为（　　）。

A. 次年1月1日至3月31日　　B. 次年1月1日至6月30日
C. 次年3月1日至6月30日　　D. 次年3月1日至5月31日

2. 纳税人有两处以上任职、受雇单位的,个人所得税纳税申报的地点是( )。
   A. 纳税人经常居住地
   B. 税务局指定地点
   C. 纳税人户籍所在地
   D. 纳税人选择其中一处任职、受雇单位所在地主管税务机关

3. 李某是个体工商户,其家庭所在地为甲市 A 区,工商注册地为甲市 B 区,实际经营地为甲市 C 区。以下说法中,正确的是( )。
   A. 李某应在 A 区申报缴纳个人所得税
   B. 李某应在 B 区申报缴纳个人所得税
   C. 李某应在 C 区申报缴纳个人所得税
   D. 李某可以任意选择 A 区、B 区或 C 区申报缴纳个人所得税

4. 对扣缴义务人按照所扣缴的税款,付给手续费的比例是( )。
   A. 0.5%   B. 1%   C. 1.5%   D. 2%

5. 扣缴义务人每月或者每次预扣、代扣的税款,应当在次月( )内缴入国库并向税务机关报送《个人所得税扣缴申报表》。
   A. 10 日   B. 15 日   C. 30 日   D. 60 日

6. 纳税人取得经营所得,按年计算个人所得税,由纳税人在月度或季度终了后( )内,向经营管理所在地的主管税务机关办理预缴纳税申报。
   A. 30 日   B. 15 日   C. 45 日   D. 60 日

二、多项选择题

1. 根据个人所得税的相关规定,需要办理汇算清缴的情形包括( )。
   A. 在两处或者两处以上取得综合所得
   B. 取得劳务报酬所得、稿酬所得、特许权使用费所得中一项或者多项所得
   C. 纳税年度内预缴税额低于应纳税额的
   D. 纳税人需要退税的,应当办理汇算清缴,申报退税

2. 下列情形中,居民纳税人应当依法办理纳税申报的有( )。
   A. 张某取得工资,需要办理汇算清缴
   B. 李某移民美国,注销中国户籍
   C. 刘某从出版社取得稿酬 2 万元,但出版社未扣缴税款
   D. 王某从境外取得股息所得

3. 综合所得汇算清缴的办理渠道有( )。
   A. 网络办税渠道办理   B. 电话语音办理
   C. 邮寄方式办理   D. 到办税服务厅办理

4. 全员全额扣缴申报范围包括( )。
   A. 工资、薪金所得   B. 财产租赁所得
   C. 经营所得   D. 偶然所得

三、判断题

1. 支付工资、薪金所得的扣缴义务人,应当于年度终了后1个月内,向纳税人提供其个人所得和已扣缴税款等信息。（　）
2. 对扣缴义务人按照规定扣缴的税款,按年付给2%的手续费。不包括税务机关、司法机关等查补或者责令补扣的税款。（　）
3. 纳税人取得境外所得,应当依法办理纳税申报。（　）

第六章 关税和船舶吨税

【知识点1】 关税概述与内容

一、单项选择题

1. 根据关税的相关规定,对原产于与我国签订含有特殊关税优惠条款的贸易协定的国家或地区的进口货物,适用特定的关税税率。该税率为(　　)。
   A. 普通税率　　　　　　　　　　B. 协定税率
   C. 特惠税率　　　　　　　　　　D. 最惠国税率

2. 以货物的计量单位(重量、长度、面积、容积、数量等)作为征税标准,以每一计量单位应纳的关税金额作为税率,其称为(　　)。
   A. 从量税　　　B. 从价税　　　C. 复合税　　　D. 选择税

3. 在选择税的计征方法中,海关一般是选择税额较高的一种方法进行征税,当物价上涨时,选择(　　)。
   A. 从量税　　　B. 从价税　　　C. 复合税　　　D. 选择税

4. (　　)又称一般关税,是对与本国没有签署贸易或经济互惠等友好协定的国家原产的货物征收的非优惠性关税。
   A. 优惠关税　　　B. 差别关税　　　C. 报复关税　　　D. 普通关税

5. 进出口货物,应当在收发货人或者他们的代理人(　　)实施税率征税。
   A. 申报进口之日　　B. 进境之日　　B. 卸货之日　　D. 出发之日

二、多项选择题

1. 以下关于关税分类的相关说法中,正确的有(　　)。
   A. 按征税标准分类,关税可分为普通关税、优惠关税和差别关税
   B. 按征税对象分类,关税可分为进口关税、出口关税
   C. 反倾销税、反补贴税、报复关税、紧急进口税都属于进口关税的附加税
   D. 选择税的优点在于它能平衡物价,保护国内产业发展

2. 以下关于关税的描述中,正确的有(　　)。
   A. 关税的征税主体是国家
   B. 其他税主要是由税务机关负责征收,而关税是由海关负责征收
   C. 关税是对有形的货品征税,对无形的货品不征关税
   D. 一国的关境和国境可能是一致的,也可能不一致

3. 按征税对象分类,关税可分为(　　)。
   A. 进口关税　　　B. 出口关税　　　C. 普通关税　　　D. 从价税

4. 按征税标准分类,关税可分为( )。
   A. 价内税　　　B. 价外税　　　C. 从量税　　　D. 从价税
5. 下列各项中,属于我国关税纳税人的有( )。
   A. 进口货物的发货人　　　　　B. 进口货物的收货人
   C. 出口货物的发货人　　　　　D. 出口货物的收货人
6. 根据《中华人民共和国进出口关税条例》,我国进口关税设有( )。
   A. 最惠国税率　　　　　　　　B. 协定税率和特惠税率
   C. 普通税率　　　　　　　　　D. 关税配额税率

三、判断题

1. 海关一般是选择税额较低的一种征税,当物价上涨时,使用从价税;在物价下跌时,使用从量税。( )
2. 以货物的价格作为征税标准而征收的关税称为从量税。( )
3. 特惠税率适用原产于与我国签订含有关税优惠条款的区域性贸易协定的国家或者地区的进口货物。( )
4. 关税壁垒,是指一国政府以提高关税的办法限制外国商品进口的措施。( )

【知识点2】 关税完税价格与应纳税额的计算

一、单项选择题

1. 202×年9月,甲公司进口生产设备三台,海关审定的货价为45万元,运抵我国境内输入地起卸前的运费4万元、保险费2元。已知关税税率为10%。下列计算甲公司当月该笔业务应缴纳关税税额的算式中,正确的是( )。
   A. $(45+4+2)\times 10\% = 5.1(万元)$
   B. $45\div(1-10\%)\times 10\% = 5(万元)$
   C. $(45-2)\times 10\% = 4.3(万元)$
   D. $(45-4)\times 10\% = 4.1(万元)$

2. 甲公司为增值税一般纳税人,202×年5月进口货物一批,海关审定的关税完税价格为113万元。已知增值税税率为13%,关税税率为10%。下列计算甲公司当月该笔业务应缴纳增值税税额的算式中,正确的是( )。
   A. $113\div(1+13\%)\times 13\% = 13(万元)$
   B. $113\times(1+10\%)\div(1+13\%)\times 13\% = 14.3(万元)$
   C. $113\times 13\% = 14.69(万元)$
   D. $113\times(1+10\%)\times 13\% = 16.159(万元)$

3. 202×年3月,某贸易公司进口一批货物。合同中约定的成交价格为人民币600万元,支付境内特许销售权费用10万元、卖方佣金5万元。该批货物运抵境内输入地点起卸前发生的运费和保险费共计8万元。该批货物关税完税价格为( )万元。
   A. 623　　　　B. 615　　　　C. 613　　　　D. 610

4. 下列费用中,不计入进口货物关税完税价格的是(　　)。

　　A. 包装材料费用

　　B. 进口关税

　　C. 由买方负担的经纪费

　　D. 与货物为一体的容器费用

5. 下列项目中,属于进口关税完税价格组成部分的是(　　)。

　　A. 进口人向自己的境外采购代理人支付的购货佣金

　　B. 进口人向中介机构支付的经纪费

　　C. 进口设备报关后的安装调试费用

　　D. 货物运抵境内输入地点起卸之后的运输费用

6. 202×年3月,某贸易公司进口一批红酒,成交价格为200万元人民币,关税税率为14%,到达我国输入地点起卸前的运费为4万元人民币,进口货物的保险费为8万元,该贸易公司应缴纳关税(　　)万元。

　　A. 28.28　　　　　　B. 28.54　　　　　　C. 28.56　　　　　　D. 29.68

二、多项选择题

1. 关于出口货物关税完税价格的说法,正确的有(　　)。

　　A. 出口关税不计入完税价格

　　B. 在输出地点装载前发生的运费,应包含在完税价格中

　　C. 离岸后、到岸前的运输费应包含在完税价格中

　　D. 出口货物完税价格包含增值税销项税额

2. 到岸价,是指包括货价以及货物运抵我国关境内输入地点起卸前的(　　)等费用构成的一种价格。

　　A. 包装费　　　　　　　　　　　　B. 运费

　　C. 保险费　　　　　　　　　　　　D. 其他劳务费

3. 出口货物的完税价格包括(　　)。

　　A. 海关以该货物向境外销售的成交价格

　　B. 货物运至我国境内输出地点装载前的运输及其相关费用

　　C. 货物运至我国境内输出地点装载前的保险费

　　D. 其中包含的出口关税税额

三、判断题

1. 纳税义务人向海关申报的价格就是关税完税价格。(　　)

2. 《海关法》规定,进出口货物的完税价格,由海关依法估定。(　　)

3. 我国对进出口货物征收关税,主要采取从价计征的办法,以商品价格为标准征收关税。(　　)

4. 出口货物的成交价格中含有支付给境外的佣金的,如果单独列明,应当扣除。(　　)

【知识点3】 关税税收优惠与征收管理

一、单项选择题

1. 下列税种中,由海关负责征收和管理的是( )。
   A. 关税　　　　　B. 车辆购置税　　　C. 环境保护税　　　D. 资源税

2. 某公司进口一批货物,海关于202×年4月1日填发税款缴款书,但公司迟至202×年4月27日才缴纳500万元的关税。海关应征收关税滞纳金( )万元。
   A. 2.75　　　　　B. 3　　　　　　　C. 6.5　　　　　　D. 6.75

3. 如果纳税义务人、担保人自缴款期限届满之日起( )仍未缴纳税款,经直属海关关长或者其授权的隶属海关关长批准,海关可以采取强制措施。
   A. 15日　　　　　B. 30日　　　　　C. 3个月　　　　　D. 6个月

4. 根据现行关税政策的规定,下列进出口货物中,享受法定减免税的是( )。
   A. 科教用品　　　　　　　　　　　B. 残疾人专用品
   C. 重大技术装备　　　　　　　　　D. 海关放行前损失的货物

5. 某公司进口货物一批,经海关审定的成交价格及境外运保费折合人民币为570万元,单独计价并经海关审核属实的进口后装配调试费用30万元。该货物进口关税税率为6%,海关填发税款缴款书的日期为202×年10月10日,该公司于202×年10月25日缴纳关税税款。海关应对其加收滞纳金( )元。
   A. 0　　　　　　B. 171　　　　　　C. 180　　　　　　D. 183

二、多项选择题

1. 依据关税的有关规定,下列进口货物中可享受法定免税的有( )。
   A. 有商业价值的进口货样
   B. 外国政府无偿赠送的物资
   C. 贸易公司进口的残疾人专用品
   D. 关税税额在人民币50元以下的一票货物

2. 关于关税的减免税,下列表述正确的有( )。
   A. 无商业价值的广告品视同货物进口征收关税
   B. 在海关放行前损失的货物免征关税
   C. 进出境运输工具装载的途中必需的物料免征关税
   D. 关税税额在人民币50元以下的一票货物免征关税

3. 下列选项中,符合关税相关规定的有( )。
   A. 海关对法定减免税货物一般不进行后续管理
   B. 税款滞纳天数的计算自关税缴纳期限届满之日起,至纳税人缴清关税之日止,周末或法定节假日可以扣除
   C. 进口货物自运输工具申报进境之日起15日内,应由进口货物的纳税义务人向货物进境地海关申报

D. 海关需要对特定减免税货物进行后续管理

4. 以下关于关税减免的表述中,正确的有( )。

  A. 减征关税在我国加入世界贸易组织后,以最惠国税率或普通税率为基准

  B. 符合法定减免税条件的进口货物,纳税人须提出申请才可享受到减免税待遇

  C. 海关对法定减免税货物一般不进行后续管理

  D. 海关放行前损失的货物免征关税

5. 关税的减税、免税分为( )。

  A. 法定减免税   B. 特定减免税   C. 临时减免税   D. 任意减免税

三、判断题

1. 根据《海关法》规定,关税的减免税均由国务院决定。 ( )

2. 特定减免税,是指由国务院根据《海关法》对某个单位、某个项目或某批进出口货物的特殊情况给予特别照顾,一案一批,专文下达的减免税。 ( )

3. 如纳税义务人自缴纳税款期限届满之日起6个月仍未缴纳税款,经直属海关关长或者其授权的隶属海关关长批准,海关可以采取强制扣缴、变价抵缴等强制措施。 ( )

4. 纳税义务人应当在海关填发税款缴款书之日起15日内(星期日和法定节假日除外),向指定银行缴纳税款。 ( )

【知识点4】 船舶吨税

一、单项选择题

1. 下列关于船舶吨税的表述中,正确的是( )。

  A. 吨税只对外国籍船舶征收

  B. 吨税适用比例税率

  C. 船籍国与我国签订含有相互给予船舶税费最惠国待遇条款的条约或者协定的应税船舶,适用优惠税率

  D. 拖船按照发动机功率每千瓦折合净吨位0.05吨计算吨税

2. 下列各项中,应计算缴纳船舶吨税的是( )。

  A. 吨税执照期满后24小时内不上下客货的船舶

  B. 避难并不上下客货的船舶

  C. 武装警察部队征用的船舶

  D. 拖船

3. 某英国籍净吨位为2 500吨的非机动驳船,停靠在我国某港口装卸货物。驳船负责人已向我国海关领取了吨税执照,在港口停留期为30天,英国已与我国签订相互给予船舶税费最惠国待遇条款。已知超过2 000净吨但不超过10 000净吨的船舶,30天期的普通税率为4.0元/净吨,优惠税率为2.9元/净吨,其应纳的船舶吨税为( )元。

  A. 10 025   B. 7 250   C. 3 625   D. 5 012.5

4. 船舶吨税的纳税人未按期缴清税款的,自滞纳税款之日起至缴清税款之日止,按日加收

滞纳金的比率是滞纳税款的(　　)。
   A. 0.2‰   B. 0.5‰   C. 5‰   D. 1‰
5. 应税船舶负责人应当自海关填发吨税缴款凭证之日起(　　)日内缴清税款。
   A. 10   B. 15   C. 30   D. 60
6. 下列关于船舶吨税特点的表述中,错误的是(　　)。
   A. 船舶吨税主要是对进出中国港口的国际航行船舶征收
   B. 以船舶的净吨位为计税依据,实行从价定率征收
   C. 对不同的船舶分别适用普通税率或优惠税率
   D. 所征税款主要用于港口建设维护及海上干线公用航标的维护建设
7. 海关发现多征税款的,应当在(　　)内通知应税船舶办理退还手续,并加算银行同期活期存款利息。
   A. 24 小时   B. 48 小时   C. 36 小时   D. 12 小时

二、多项选择题

1. 下列船舶中,免征船舶吨税的有(　　)。
   A. 应纳税额在人民币 50 元以下的船舶
   B. 非机动驳船
   C. 警用船舶
   D. 吨税执照期满后 24 小时内不上下客货的船舶
2. 下列关于船舶吨税征收管理的表述中,正确的有(　　)。
   A. 吨税由海关负责征收
   B. 应税船舶负责人应当自海关填发吨税缴款凭证之日起 15 日内缴清税款
   C. 吨税纳税义务发生时间为应税船舶进入港口的当日
   D. 应税船舶在吨税执照期满后尚未离开港口的,应当申领新的吨税执照,自上一次执照期满的当日起续缴吨税
3. 下列各项中,免征船舶吨税的有(　　)。
   A. 非机动驳船   B. 捕捞、养殖渔船
   C. 警用船舶   D. 应纳税额为人民币 30 元的船舶
4. 在吨税执照期限内,应税船舶发生下列情形之一的,海关按照实际发生的天数批注延长吨税执照期限,这些情形包括(　　)。
   A. 避难   B. 防疫隔离
   C. 修理   D. 军队、武装警察部队征用

三、判断题

1. 吨税纳税义务发生时间为应税船舶进入港口的次日。　　　　　　　　　　　(　　)
2. 船舶吨税是对自中国境外港口进入境内港口的船舶征收的一种税。　　　　　(　　)
3. 吨税由税务局负责征收。　　　　　　　　　　　　　　　　　　　　　　　(　　)
4. 应纳税额在人民币 80 元以下的船舶免征吨税。　　　　　　　　　　　　　　(　　)

第七章　城市维护建设税及教育费附加

【知识点1】城市维护建设税

一、单项选择题

1. 根据城市维护建设税的规定,下列企业属于城市维护建设税纳税人的是(　　)。
   A. 缴纳资源税的国有企业　　　　B. 缴纳城镇土地使用税的私营企业
   C. 缴纳消费税的外商投资企业　　D. 缴纳房产税的外国企业

2. 城市维护建设税采用的税率形式是(　　)。
   A. 产品比例税率　　　　　　　　B. 行业比例税率
   C. 地区差别比例税率　　　　　　D. 有幅度的比例税率

3. 下列属于城市维护建设税计税依据的是(　　)。
   A. 进口环节缴纳的增值税　　　　B. 进口环节缴纳的关税
   C. 进口环节缴纳的消费税　　　　D. 国内销售环节缴纳的增值税、消费税

4. 位于市区的某企业202×年3月份共缴纳增值税、消费税和关税462万元,其中关税102万元、进口环节缴纳的增值税和消费税260万元。该企业3月应缴纳的城市维护建设税为(　　)万元。
   A. 5.74　　　　B. 7　　　　C. 14　　　　D. 18.27

5. 下列关于城市维护建设税的说法中,正确的是(　　)。
   A. 纳税人在市区的,城市维护建设税税率为5%
   B. 增值税实行即征即退的,一律退还城市建设税
   C. 城市维护建设税原则上不单独规定减免税
   D. 计税依据包括增值税、消费税的滞纳金和罚款

6. 某生产企业为增值税一般纳税人(位于市区),主要经营内销和出口业务,202×年4月实际缴纳增值税40万元,出口货物免抵税额4万元。另外,进口货物缴纳增值税17万元、缴纳消费税30万元。该企业202×年4月应缴纳的城市维护建设税税额为(　　)万元。
   A. 2.80　　　　B. 3.08　　　　C. 2.52　　　　D. 5.81

7. 根据城市维护建设税的规定,被代扣代收增值税、消费税的纳税人未被代扣代收城市维护建设税的,城市维护建设税的纳税地点是(　　)。
   A. 纳税人应税行为发生地　　　　B. 扣缴义务人所在地
   C. 扣缴义务人应税行为发生地　　D. 纳税人所在地

8. 下列各项中,符合城市维护建设税有关规定的是(　　)。

A. 个体经营者不缴纳城市维护建设税

B. 外商投资企业暂不缴纳城市维护建设税

C. 流动经营无固定纳税地点的纳税人在居住地缴纳城市维护建设税

D. 城市维护建设税的税款专用于保证城市公共事业和公共设施的维护与建设

9. 由受托方代收、代扣增值税、消费税的单位和个人,其代收、代扣的城市维护建设税按( )适用税率执行。

A. 委托方所在地　　　　　　　　B. 受托方所在地

C. 双方协商　　　　　　　　　　D. 从高

10. 某市一企业202×年4月被查补增值税50 000元、消费税20 000元、所得税30 000元,被加收滞纳金2 000元,被处罚款8 000元。该企业当月应补缴城市维护建设税( )元。

A. 3 500　　　B. 4 900　　　C. 5 600　　　D. 7 000

二、多项选择题

1. 下列关于城市维护建设税税率的说法,正确的有( )。

A. 某县城高尔夫球具制造厂受托为某市区企业加工制造一批高尔夫球具礼品,其代收城市维护建设税的税率为7%

B. 某县城高尔夫球具制造厂受托为某市区企业加工制造一批高尔夫球具礼品,其代收代缴城市维护建设税的税率为5%

C. 流动经营等无固定纳税地点的,按缴纳增值税、消费税所在地的规定税率计算缴纳城市维护建设税

D. 流动经营等无固定纳税地点的,其城市维护建设税适用1%的税率

2. 下列各项中,符合城市维护建设税规定的有( )。

A. 海关对进口产品代征增值税时,应同时代征城市维护建设税

B. 对增值税实行先征后返的,应同时返还附征的城市维护建设税

C. 对出口产品退还增值税的,不退还已经缴纳的城市维护建设税

D. 纳税人延迟缴纳增值税而被加收的滞纳金,不作为城市维护建设税的计税依据

3. 下列项目中,不属于城市维护建设税计税依据的有( )。

A. 中外合资企业进口货物缴纳的关税

B. 个人独资企业拖欠消费税税款被加收的滞纳金

C. 个体工商户逃避缴纳增值税被处的罚金

D. 某事业单位补缴的增值税税金

4. 城市维护建设税的特点有( )。

A. 税款专款专用

B. 所征税款要求保证用于城市公用事业和公共设施的维护和建设

C. 它属于一种附加税

D. 它是以纳税人实际缴纳的增值税、消费税税额为计税依据

三、判断题

1. 只要缴纳增值税就必须同时缴纳城市维护建设税。 ( )
2. 同时缴纳增值税、消费税的纳税人才能成为城市维护建设税的纳税人。 ( )
3. 只要退还增值税、消费税就必须同时退还城市维护建设税。 ( )
4. 城市维护建设税随增值税、消费税同时征收,其本身没有特定的课税对象。 ( )

【知识点2】 教育费附加

一、单项选择题

1. 下列关于教育费附加的说法,正确的是( )。
    A. 某公司应缴纳增值税30万元,实际缴纳增值税20万元,该公司应以30万元为计征依据缴纳教育费附加
    B. 某按月纳税的公司202×年12月的月销售额为30万元,可以享受免征教育费附加的政策
    C. 某公司进口铁矿石缴纳增值税80万元,应同时按3%缴纳教育费附加
    D. 某公司出口电视机已退增值税60万元,但已缴纳的教育费附加不予退还

2. 位于市区的某公司202×年4月应缴纳增值税170万元,实际缴纳增值税210万元(包括缴纳以前月份欠缴的增值税40万元)。当月因享受增值税先征后退政策,获得增值税退税60万元。则该公司当月应缴纳的城市维护建设税和教育费附加合计为( )万元。
    A. 15   B. 17   C. 21   D. 53

3. 下列关于城市维护建设税和教育费附加的减免规定,表述正确的是( )。
    A. 海关对进口产品代征增值税、消费税的,不代征城市维护建设税,但代征教育费附加
    B. 对增值税、消费税实行先征后返、先征后退、即征即退办法的,除另有规定外,对随同增值税、消费税附征的城市维护建设税,一律不予退(返)还
    C. 对出口产品退还增值税、消费税的,可以申请退还已征的城市维护建设税和教育费附加
    D. 对因减免税而需要进行增值税、消费税退库的,可退还已征的城市维护建设税,但不可退还已征的教育费附加

二、多项选择题

1. 下列关于教育费附加的说法正确的有( )。
    A. 教育费附加实行地区差额征收比率
    B. 出口产品退还的增值税、消费税,同时退还教育费附加
    C. 教育费附加以纳税人实际缴纳的增值税、消费税税额为计算基数
    D. 对进口产品征收的增值税、消费税,不征收教育费附加

2. 某企业202×年3月实际缴纳增值税300 000元,缴纳消费税400 000元。则下列说法中,正确的有( )。

A. 该企业应缴纳的教育费附加是 14 000 元
B. 该企业应缴纳的教育费附加是 21 000 元
C. 该企业应缴纳的地方教育附加是 21 000 元
D. 该企业应缴纳的地方教育附加是 14 000 元

三、判断题

1. 对海关进口的产品征收的增值税、消费税，要征收教育费附加。（   ）
2. 对由于减免增值税、消费税而发生退税的，不可退还已征收的教育费附加。（   ）
3. 对出口产品退还增值税、消费税的，可同时退还已征的教育费附加。（   ）
4. 对国家重大水利工程建设基金免征教育费附加。（   ）

第八章 资源税和环境保护税

【知识点1】 资源税

一、单项选择题

1. 根据资源税相关法律制度的规定,下列资源产品中,不征收资源税的是( )。
   A. 人造石油 B. 天然气 C. 煤 D. 宝石

2. 资源税的纳税义务人不包括( )。
   A. 在中国境内生产销售应税资源的个人
   B. 在中国境内开采应税资源的单位
   C. 在中国境内生产自用应税资源的单位
   D. 进口应税资源的单位和个人

3. 根据资源税相关法律制度的规定,下列各项中,不属于资源税征税范围的是( )。
   A. 开采的原煤
   B. 开采的原油
   C. 以空气加工生产的液氧
   D. 开采的天然气

4. 根据资源税相关法律制度的规定,下列单位和个人的生产经营行为中,不应缴纳资源税的是( )。
   A. 冶炼企业进口铁矿石
   B. 个体经营者开采煤矿
   C. 国有企业开采石油
   D. 中外合作开采天然气

5. 资源税纳税人自产自用应税产品的纳税义务发生时间为( )。
   A. 移送应税产品的当天
   B. 应税产品开采的当天
   C. 应税产品投入使用的当天
   D. 应税产品全部使用完毕的当天

6. 根据资源税相关法律制度的规定,下列境内单位中,属于资源税纳税人的是( )。
   A. 进口金属矿石的冶炼企业
   B. 销售精盐的商场
   C. 开采销售原煤的公司
   D. 销售石油制品的加油站

7. 根据资源税相关法律制度的规定,下列各项中,不属于资源税征税范围的是( )。
   A. 开采的原煤
   B. 以未税原煤加工的洗选煤
   C. 以空气加工生产的液氧
   D. 开采的天然气

8. 纳税人开采应税矿产品销售的,其资源税的征税数量为( )。
   A. 开采数量 B. 实际产量 C. 计划产量 D. 销售数量

9. 某砂石厂202×年3月开采砂石5 000立方米,对外销售4 000立方米,当地砂石资源税税率为3元/立方米,则该厂当月应缴纳的资源税税额为( )万元。
   A. 1.5 B. 1.2 C. 0.6 D. 0.3

10. 某油田为增值税一般纳税人,202×年7月开采原油500万吨,销售原油300万吨,每吨不含税价格为600元,油田修井使用原油0.6万吨。对外捐赠原油2万吨,该油田

202×年7月应缴纳的资源税税额为( )万元。(原油资源税税率为10%)

A. 18 156　　　B. 18 120　　　C. 18 036　　　D. 18 000

11. 某油气田开采企业202×年9月开采天然气300万立方米,开采成本为400万元,全部销售给关联企业,价格明显偏低并且无正当理由。当地无同类天然气售价,主管税务机关确定的成本利润率为10%,则该油气田企业当月应缴纳的资源税税额为( )万元。(天然气资源税税率为6%)

A. 2　　　B. 20　　　C. 22　　　D. 28.09

12. 下列关于矿产资源享受资源税减征优惠的说法中,正确的是( )。

A. 从低丰度油田开采的原油减征30%
B. 从衰竭期矿山开采的矿产资源减征30%
C. 高凝油减征30%
D. 高含硫天然气减征20%

13. 根据资源税相关法律制度的规定,下列关于资源税纳税义务发生时间的表述中,不正确的是( )。

A. 自用应税资源品的,为移送应税产品的当日
B. 销售应税产品的,为收讫销售款的当日
C. 销售应税产品的,为取得索取销售款凭据的当日
D. 自用应税产品的,为移送应税产品的次日

14. 根据资源税相关法律制度的规定,纳税人按月缴纳的,自月度终了之日起( )日内申报纳税。

A. 5　　　B. 10　　　C. 15　　　D. 30

二、多项选择题

1. 根据资源税相关法律制度的规定,下列各项中,属于资源税征税范围的有( )。

A. 原煤　　　B. 人造石油　　　C. 海盐　　　D. 稀土矿原矿

2. 下列各项中,属于资源税纳税人的有( )。

A. 开采原煤的国有企业　　　B. 进口铁矿石的私营企业
C. 开采石灰石的个体经营者　　　D. 开采天然原油的外商投资企业

3. 下列各项中,属于资源税征税范围的有( )。

A. 石灰岩　　　B. 钠盐　　　C. 天然气　　　D. 钨

4. 企业生产或开采的下列资源产品中,应当征收资源税的有( )。

A. 煤炭开采企业,因安全生产需要抽采的煤成气
B. 深水油气田开采的天然气
C. 人造石油
D. 从低丰度油田开采的原油

5. 下列各项中,应征收资源税的有( )。

A. 进口的天然气

B. 专门开采的天然气

C. 煤炭开采企业因安全生产需要抽采的煤成气

D. 与原油同时开采的天然气

6. 稀土、钨、钼实行从价计征资源税，其计税销售额中包括（　　）。

　　A. 资源税　　　　　　　　　　　　B. 增值税销项税

　　C. 优质费　　　　　　　　　　　　D. 延期付款利息

7. 根据资源税相关法律制度的规定，下列各项中，免征资源税的有（　　）。

　　A. 开采原油过程中用于加热的天然气

　　B. 开采原油过程中用于加热的原油

　　C. 开采后出口的原油

　　D. 开采后销售的原油

三、判断题

1. 资源税是对在中国境内开采、生产以及进口的矿产品和盐的单位和个人征收。（　　）
2. 三次采油和从深水油气田开采的原油、天然气，资源税减征30%。（　　）
3. 独立矿山、联合企业及其他收购单位收购的未税矿产品，一律按税务机关核定的应税产品税额标准，依据收购的数量代扣代缴资源税。（　　）
4. 纳税人应向矿产品的开采地或盐的生产地缴纳资源税。（　　）
5. 纳税人采取除分期收款和预收货款以外的其他结算方式销售应税产品的，其纳税义务发生时间为收讫销售款或者取得索取销售款凭证的当天。（　　）

四、业务题

1. 甲油田是增值税一般纳税人，以1个月为一个纳税期缴纳增值税和资源税，202×年5月开采原油45万吨，伴采天然气2 100立方米。当月开采原油过程中用于加热的自采原油5万吨，其余40万吨原油当月全部销售，取得销售额（不含增值税）380万元；将伴采的天然气全部销售，取得销售额（不含增值税）125万元。假定当地原油、天然气资源税税率均为6%。

　　要求：（1）计算该油田当月销售的原油应纳资源税税额。

　　（2）计算该油田当月销售的天然气应纳资源税税额。

　　（3）计算该油田当月开采原油过程中用于加热的原油应纳资源税税额。

2. 某油田202×年10月开采原油6.5万吨,当月销售4万吨,取得不含税收入16 000万元;将1.5万吨用于加工成品油,其余1万吨转入库存待销售。(原油资源税税率为6%)

要求:计算该月油田应缴纳的资源税。

【知识点4】 环境保护税

一、单项选择题

1. 下列情形中,属于直接向环境排放污染物,从而应缴纳环境保护税的是(　　)。
   A. 企业在符合国家和地方环境保护标准的场所处置固体废物的
   B. 事业单位向依法设立的生活垃圾集中处理场所排放应税污染物的
   C. 企业向依法设立的污水集中处理场所排放应税污染物的
   D. 依法设立的城乡污水集中处理场所,超过国家和地方规定的排放标准排放应税污染物的

2. 甲企业生产150吨炉渣,其中30吨在符合国家和地方环境保护标准的设施中储存,100吨综合利用且符合国家和地方环境保护标准,其余倒置弃于空地。已知炉渣适用的环境保护税税额为25元/吨。下列计算环境保护税的算式中,正确的是(　　)。
   A. (150－100－30)×25＝500(元)　　B. (150－30)×25＝3 000(元)
   C. (150－100)×25＝1 250(元)　　D. 150×25＝3 750(元)

3. 下列各项中,不征收环境保护税的是(　　)。
   A. 光源污染　　B. 噪声污染　　C. 水污染　　D. 大气污染

4. 下列应税污染物中,在确定计税依据时只对超过规定标准的部分征收环境保护税的是(　　)。
   A. 固体废物　　B. 大气污染物　　C. 工业噪声　　D. 水污染物

5. 某养殖场202×年2月养牛的平均存栏量为100头,污染当量值为0.1头。假设当地水污染物的适用税额为每污染当量2.8元,则该养殖场当月应缴纳的环境保护税税额为(　　)元。
   A. 0　　B. 28　　C. 280　　D. 2 800

6. 假设某企业202×年3月产生尾矿1 000吨,其中综合利用的尾矿为400吨(符合国家相关规定),在符合国家和地方环境保护标准的设施贮存300吨。尾矿环保税适用税额

为每吨15元,该企业当月尾矿应缴纳的环境保护税税额为(　　)元。

　　A. 15 000　　　　B. 10 500　　　　C. 6 000　　　　D. 4 500

7. 某纳税人直接向河流排放总铅6 000千克,已知总铅污染当量值为0.025千克,假定其所在省公布的水污染物环保税税额为每污染当量4元,则该纳税人应缴纳的环保税税额为(　　)元。

　　A. 600　　　　B. 24 000　　　　C. 680 000　　　　D. 960 000

8. 某县医院,床位有126张,每月按时消毒,无法计量月污水排放量,污染当量值为0.14床。假设当地水污染物适用税额为每污染当量2.1元,每月应缴纳的环境保护税税额为(　　)元。

　　A. 900　　　　B. 1 120　　　　C. 1 890　　　　D. 2 170

二、多项选择题

1. 下列各项中,属于环境保护税计税依据的有(　　)。

　　A. 应税大气污染物,按照污染物排放量折合的污染当量数确定

　　B. 应税水污染物,按照污染物排放量折合的污染当量数确定

　　C. 应税固体废物,按照固体废物的排放量确定

　　D. 应税噪声,按照超过国家规定标准的分贝数确定

2. 下列各项中,暂予免征环境保护税的有(　　)。

　　A. 农业生产(不包括规模化养殖)排放应税污染物的

　　B. 机动车、铁路机车、非道路移动机械船舶和航空器等流动污染源排放应税污染物的

　　C. 纳税人综合利用的固体废物,符合国家和地方环境保护标准的

　　D. 排放应税大气污染物或者水污染物的浓度值低于国家和地方规定的污染物排放标准30%的

3. 下列污染物中,按照污染物排放量折合的污染当量数确定环境保护税计税依据的有(　　)。

　　A. 大气污染物　　B. 水污染物　　C. 固体废物　　D. 噪声

4. 下列污染物中,属于环境保护税征收范围的有(　　)。

　　A. 建筑噪声　　B. 二氧化硫　　C. 煤矸石　　D. 氮氧化物

5. 以下符合环境保护税政策规定的有(　　)。

　　A. 环保税的纳税义务发生时间为纳税人排放应税污染物的当日

　　B. 纳税人应当向机构所在地的税务机关申报缴纳环境保护税

　　C. 环境保护税按月计算,按季申报缴纳

　　D. 纳税人按次申报缴纳的,应当自季度终了之日起15日内,向税务机关办理纳税申报并缴纳税款

三、判断题

1. 环境保护税的纳税人为在中华人民共和国领域和中华人民共和国管辖的其他海域,直接向环境排放应税污染物的企事业单位和其他生产经营者。　　(　　)

2. 企事业单位和其他生产经营者在符合国家和地方环境保护标准的设施、场所储存或者处置固体废物的,应当缴纳环境保护税。 (　　)
3. 环境保护税实行定额税率。 (　　)
4. 机动车排放应税污染物应征收环境保护税。 (　　)

四、业务题

1. 某餐饮公司,通过安装水流量计测得202×年2月排放的污水量为80吨,已知饮食娱乐服务业污染当量值为0.5吨污水。假设当地水污染物的适用税额为每污染当量2.8元。

   要求:计算餐饮公司应当缴纳的环境保护税税额。

2. 假设某企业202×年1月产生煤矸石1 000吨,其中综合利用煤矸石250吨(符合国家相关规定),在符合国家和地方环境保护标准的设施贮存200吨。煤矸石环保税的适用税额为每吨5元。

   要求:计算该企业当月煤矸石应缴纳的环境保护税税额。

3. 某企业202×年2月累计9天发生的工业噪声分贝数超过国家标准8分贝。按照环保税税目税额表规定,噪声超标7~9分贝的,每月应纳税额为1 400元。

   要求:计算该企业当月应缴纳的环境保护税税额。

第九章　城镇土地使用税和耕地占用税

【知识点1】 城镇土地使用税

一、单项选择题

1. 根据城镇土地使用税相关法律制度的规定,下列土地中,不属于城镇土地使用税征税范围的是(　　)。
   A. 城市土地　　　B. 县城土地　　　C. 农村土地　　　D. 建制镇土地

2. 根据城镇土地使用税相关法律制度的规定,下列城市土地中,应缴纳城镇土地使用税的是(　　)。
   A. 企业生活区用地
   B. 国家机关自用的土地
   C. 名胜古迹自用的土地
   D. 市政街道公共用地

3. 几个单位共同拥有一块土地使用权,则城镇土地使用税的纳税人为(　　)。
   A. 对这块土地拥有使用权的每一个单位
   B. 税务机关核定的单位
   C. 其主管部门
   D. 其中实际占用土地面积最大的单位

4. 在同一省的管辖范围内,纳税人跨地区使用土地,其城镇土地使用税的纳税地点是(　　)。
   A. 纳税人注册地
   B. 土地所在地
   C. 由纳税人选择
   D. 由省税务局确定

5. 根据城镇土地使用税相关法律制度的规定,下列土地中,免征城镇土地使用税的是(　　)。
   A. 市区公园内附设照相馆使用的土地
   B. 县城水电站的发电厂房用地
   C. 市政街道的公共用地
   D. 盐场的生产厂房用地

6. 甲房地产开发企业开发一住宅项目,实际占地面积为 12 000 平方米,建筑面积为 24 000 平方米,容积率为 2.0,甲房地产开发企业缴纳的城镇土地使用税的计税依据为(　　)平方米。
   A. 24 000　　　B. 12 000　　　C. 36 000　　　D. 18 000

7. 202×年甲服装公司(位于某县城)的实际占地面积为 30 000 平方米,其中办公楼占地面积为 500 平方米,厂房仓库占地面积为 22 000 平方米。厂区内铁路专用线、公路等用地 7 500 平方米,已知当地规定的城镇土地使用税是每平方米年税额 5 元。下列计算甲服装公司当年应缴纳城镇土地使用税税额的算式中,正确的是(　　)。
   A. 30 000×5=150 000(元)
   B. (30 000−7 500)×5=112 500(元)
   C. (30 000−500)×5=147 500(元)
   D. (30 000−22 000)×5=40 000(元)

8. 某林场面积100万平方米,其中森林公园占地58万平方米,防火设施占地17万平方米,办公用地10万平方米,生活区用地15万平方米。该林场需要缴纳城镇土地使用税税额的面积是( )万平方米。
   A. 58   B. 100   C. 42   D. 25

9. 202×年甲盐场占地面积为300 000平方米,其中办公用地35 000平方米,生活区用地15 000平方米,盐滩用地250 000平方米。已知当地规定的城镇土地使用税每平方米的年税额为0.8元,则下列计算甲盐场当年应缴纳的城镇土地使用税税额的算式中,正确的是( )。
   A. (35 000+250 000)×0.8=228 000(元)
   B. 300 000×0.8=240 000(元)
   C. (15 000+250 000)×0.8=212 000(元)
   D. (35 000+15 000)×0.8=40 000(元)

10. 某企业202×年初占用土地20 000平方米,其中幼儿园占地400平方米,其余为生产经营用地。该企业所在地城镇土地使用税的年税额为6元/平方米,则该企业202×年应缴纳的城镇土地使用税为( )元。
    A. 118 350   B. 119 400   C. 120 000   D. 96 000

11. 根据城镇土地使用税相关法律制度的规定,下列城市用地中,不属于城镇土地使用税免税项目的是( )。
    A. 公园自用的土地   B. 市政街道公共用地
    C. 国家机关自用的土地   D. 企业生活区用地

12. 根据城镇土地使用税相关法律制度的规定,下列各项中,不属于免税项目的是( )。
    A. 水库管理部门的办公用地 B. 大坝用地
    C. 堤防用地   D. 水库库区用地

13. 根据城镇土地使用税相关法律制度的规定,下列用地中,免予缴纳城镇土地使用税的是( )。
    A. 港口的码头用地   B. 农产品批发市场生活区用地
    C. 水电站的发电厂房用地   D. 火电厂厂区围墙内的用地

二、多项选择题

1. 根据城镇土地使用税相关法律制度的规定,下列关于城镇土地使用税纳税人的表述中,正确的有( )。
   A. 土地使用权未确定或权属纠纷未解决的,由实际使用人纳税
   B. 土地使用权共有的,共有各方均为纳税人,由共有各方分别纳税
   C. 拥有土地使用权的纳税人不在土地所在地的,由代管人或实际使用人纳税
   D. 城镇土地使用税由拥有土地使用权的单位或个人缴纳

2. 根据城镇土地使用税相关法律制度的规定,下列各项中,属于城镇土地使用税征税范围的有( )。

A. 集体所有的位于农村的土地　　　　B. 集体所有的位于建制镇的土地
C. 国家所有的位于工矿区的土地　　　D. 集体所有的位于城市的土地

3. 根据城镇土地使用税相关法律制度的规定,下列城市用地中,应缴纳城镇土地使用税的有(　　)。
A. 民航机场场内道路用地　　　　　　B. 商业餐饮娱乐用地
C. 火电厂厂区围墙内的用地　　　　　D. 市政街道公共用地

4. 下列情形中,免征城镇土地使用税的有(　　)。
A. 国家机关拥有的体育场馆
B. 房地产开发企业经批准开发建设经济适用房的用地
C. 市政街道、广场、绿化地带等公共用地
D. 油气长输管线用地

5. 下列各项中,符合城镇土地使用税有关纳税义务发生时间规定的有(　　)。
A. 纳税人新征用的耕地,自批准征用之月起缴纳城镇土地使用税
B. 纳税人出租房产,自交付出租房产之次月起缴纳城镇土地使用税
C. 纳税人新征用的非耕地,自批准征用之月起缴纳城镇土地使用税
D. 纳税人购置新建商品房,自房屋交付使用之次月起缴纳城镇土地使用税

三、判断题

1. 纳税单位无偿使用免税单位的土地的,免予征收城镇土地使用税。(　　)
2. 对公安部门无偿使用铁路、民航等单位的土地,免征城镇土地使用税。(　　)
3. 土地使用权未确定或权属纠纷未解决的,暂不缴纳城镇土地使用税。(　　)
4. 城镇土地使用税的纳税地点为土地所在地,由土地所在地的税务机关负责征收。(　　)

【知识点2】 耕地占用税

一、单项选择题

1. 根据耕地占用税相关法律制度的规定,下列情形中,不缴纳耕地占用税的是(　　)。
A. 占用市区工厂土地建设商品房　　　B. 占用市郊菜地建设公路
C. 占用牧草地建设厂房　　　　　　　D. 占用果园建设旅游度假村

2. 下列各项中,减按2元/平方米征收耕地占用税的是(　　)。
A. 纳税人临时占用耕地　　　　　　　B. 学校占用耕地建设校舍
C. 农村居民占用耕地开发经济林地　　D. 公路线路占用耕地

3. 某企业占用林地140万平方米建造花园式厂房,所占耕地适用的定额税率为30元/平方米。该企业应缴纳的耕地占用税税额为(　　)万元。
A. 800　　　　　　B. 1 400　　　　　　C. 2 100　　　　　　D. 4 200

4. 202×年7月甲公司开发住宅社区,经批准共占用耕地150 000平方米,其中800平方米兴建幼儿园,5 000平方米修建学校。已知耕地占用税的适用税率为30元/平方米。下列计算甲公司应缴纳耕地占用税税额的算式中,正确的是(　　)。

A. 150 000×30＝4 500 000(元)

B. (150 000－800－5 000)×30＝4 326 000(元)

C. (150 000－5 000)×30＝4 350 000(元)

D. (150 000－800)×30＝4 476 000(元)

5. 某企业占用林地30万平方米建造生产厂房,还占用林地100万平方米开发经济林木,所占耕地适用的定额税率为20元/平方米。该企业应缴纳的耕地占用税税额为(　　)万元。

A. 600　　　　　　B. 1 400　　　　　　C. 2 000　　　　　　D. 2 600

6. 202×年3月,某公司在郊区新设立一家分公司,共计占用耕地15 000平方米,其中800平方米修建幼儿园,2 000平方米修建学校,当地的耕地占用税税额为20元/平方米。该公司应缴纳的耕地占用税税额为(　　)元。

A. 244 000　　　　B. 260 000　　　　C. 284 000　　　　D. 300 000

7. 农村居民张某202×年1月经批准,在户口所在地占用耕地2 500平方米,其中2 000平方米用于种植中药材,500平方米用于新建住宅(符合当地规定标准)。该地区的耕地占用税税额为每平方米30元。张某应缴纳的耕地占用税税额为(　　)元。

A. 7 500　　　　　B. 15 000　　　　　C. 37 500　　　　　D. 75 000

8. 农村居民王某202×年9月经批准占用耕地2 000平方米,其中1 500平方米用于种植大棚蔬菜,500平方米用于新建自用住宅(符合当地规定标准)。假设耕地占用税税额为20元/平方米。王某当年应缴纳的耕地占用税税额为(　　)元。

A. 5 000　　　　　B. 10 000　　　　　C. 40 000　　　　　D. 30 000

9. 某企业占用园地30万平方米建造足球场,同时占用园地100万平方米开发经济林木,所占耕地适用的耕地占用税定额税率为20元/平方米。该企业应缴纳的耕地占用税税额为(　　)万元。

A. 600　　　　　　B. 1 400　　　　　　C. 2 000　　　　　　D. 2 800

10. 某县房地产开发公司(增值税一般纳税人)占用耕地10 000平方米用于建设住宅小区,其中3 000平方米用于建设一所全日制中学,已知该地区耕地适用的耕地占用税税额为9元/平方米,该地区税务局对房地产开发公司应征收的耕地占用税税额为(　　)元。

A. 63 000　　　　　B. 70 000　　　　　C. 75 000　　　　　D. 90 000

11. 纳税人应当自纳税义务发生之日起(　　)内申报缴纳耕地占用税。

A. 15日　　　　　　B. 30日　　　　　　C. 45日　　　　　　D. 60日

二、多项选择题

1. 根据耕地占用税相关法律制度的规定,下列各项中,免征耕地占用税的有(　　)。

A. 工厂生产车间占用的耕地　　　　　　B. 军用公路专用线占用的耕地

C. 学校教学楼占用的耕地　　　　　　　D. 医院职工住宅楼占用的耕地

2. 根据耕地占用税相关法律制度的规定,下列各项中,免征耕地占用税的有(　　)。

A. 公立学校教学楼占用耕地　　　　　B. 城区内机动车道占用耕地
C. 军事设施占用耕地　　　　　　　　D. 医院内职工住房占用耕地

3. 根据耕地占用税相关法律制度的规定,下列各项中,可以免征耕地占用税的有(　　)。
   A. 军用机场占用的耕地
   B. 养老院为老人提供生活照顾场所占用的耕地
   C. 幼儿园用于幼儿保育、教育场所占用的耕地
   D. 学校内教职工住房占用的耕地

4. 下列说法中,符合耕地占用税税收优惠政策的有(　　)。
   A. 军事仓库占用耕地免征耕地占用税
   B. 宗教寺庙占用耕地免征耕地占用税
   C. 市政街道占用耕地免征耕地占用税
   D. 特殊教育学校占用耕地免征耕地占用税

三、判断题

1. 农村居民占用耕地新建住宅,免征耕地占用税。　　　　　　　　　　　　(　　)
2. 耕地占用税以纳税人实际占用的耕地面积为计税依据,按照规定的适用税额标准计算应纳税额,一次性缴纳。　　　　　　　　　　　　　　　　　　　　(　　)

第十章 房产税、契税和土地增值税

【知识点1】 房产税基本要素

一、单项选择题

1. 下列各项中,符合房产税纳税义务人规定的是( )。
   A. 产权属于集体的,由承典人缴纳房产税
   B. 房屋产权出典的,由出典人缴纳房产税
   C. 产权纠纷未解决的,由代管人或使用人缴纳房产税
   D. 产权属于国家所有的不缴纳房产税

2. 下列关于房产税纳税义务人的说法中,错误的是( )。
   A. 房产税是以房屋为征税对象,按照房屋的计税余值或租金收入,向产权所有人征收的一种财产税
   B. 产权属于集体和个人所有的,由承典人缴纳房产税
   C. 由于在房屋的出典期间,产权所有人已无权支配房屋,因此税法规定由对房屋具有支配权的承典人为纳税人
   D. 自2009年1月1日起,外商投资企业、外国企业和组织以及外籍个人,依照《中华人民共和国房产税暂行条例》缴纳房产税

3. 下列选项中,属于房产税征税范围的是( )。
   A. 工厂的围墙   B. 室外游泳池
   C. 建立在县城的办公楼   D. 菜窖

4. 根据房产税相关法律制度的规定,下列各项中,不属于房产税征税范围的是( )。
   A. 建制镇工业企业的厂房   B. 农村的村民住宅
   C. 市区商场的地下车库   D. 县城商业企业的办公楼

5. 根据房产税相关法律制度的规定,下列各项中,应计算缴纳房产税的是( )。
   A. 军队自用的房产   B. 老年服务机构自用的房产
   C. 个人所有非营业用的房产   D. 个人出租的住房

6. 下列属于房产税的计税依据的是( )。
   A. 房产原值   B. 房产余值   C. 房产净值   D. 房产市价

7. 房产出租的,依照房产租金收入计算缴纳房产税,其税率为( )。
   A. 1.2%   B. 12%   C. 10%   D. 30%

8. 下列房产中,免征房产税的是( )。
   A. 自收自支事业单位向职工出租的单位自有住房

B. 信托投资公司经营用房

C. 个人所有营业用的房产

D. 军队营业用房产

9. 根据房产税相关法律制度的规定,下列各项中,不予免征房产税的是( )。

  A. 名胜古迹中附设的经营性茶社   B. 公园自用的办公用房

  C. 个人所有的唯一普通居住用房   D. 国家机关的职工食堂

10. 根据房产税相关法律制度的规定,下列说法中,错误的是( )。

  A. 纳税人将原有房产用于生产经营,从生产经营之月起,缴纳房产税

  B. 纳税人购置新建商品房,自房地产权属登记机关签发房屋权属证书之次月起,缴纳房产税

  C. 纳税人出租、出借房产,自交付出租、出借本企业房产之次月起,缴纳房产税

  D. 纳税人自行新建房屋用于生产经营,从建成之次月起,缴纳房产税

11. 赵某自行新建房屋用于经营便利店,202×年1月开始施工建造,2月陆续购买钢筋材料投入建造,3月正式建成完工。根据房产税相关法律制度的规定,赵某对此便利店房产税的纳税义务发生时间是( )。

  A. 202×年1月   B. 202×年2月   C. 202×年3月   D. 202×年4月

12. 房产税以( )的方式缴纳。

  A. 按年征收,分期缴纳   B. 按季征收,分期缴纳

  C. 按月征收,分期缴纳   D. 由省、自治区、直辖市人民政府规定

13. 甲公司委托某施工企业建造一幢办公楼,工程于202×年12月完工,次年1月办妥(竣工)验收手续,4月付清全部价款。甲公司此幢办公楼房产税的纳税义务发生时间是( )。

  A. 202×年12月   B. 次年1月   C. 次年2月   D. 次年4月

二、多项选择题

1. 下列各项中,符合房产税暂行条例规定的有( )。

  A. 将房屋产权出典的,承典人为纳税人

  B. 将房屋产权出典的,产权所有人为纳税人

  C. 房屋产权未确定的,房屋代管人或使用人为纳税人

  D. 产权所有人不在房产所在地的,房产代管人或使用人为纳税人

2. 根据房产税相关法律制度的规定,下列建筑物中,需要缴纳房产税的有( )。

  A. 仓库   B. 水塔

  C. 室外游泳池   D. 包含中央空调在内的生产车间

3. 下列关于房产税的说法中,错误的有( )。

  A. 房产税的征税范围为城市、县城、建制镇、农村和工矿区的房屋

  B. 给排水管道、电梯、暖气设备、中央空调属于以房屋为载体、不可移动的附属设施,应计入房产原值,计征房产税

C. 从价计征的房产税,以房产原值为计税依据

D. 房产税在房产所在地缴纳

4. 根据房产税相关法律制度的规定,下列有关房产税计税依据的表述中,正确的有( )。

   A. 纳税人对原有房屋进行改建、扩建的,要相应增加房屋的原值

   B. 以房屋为载体,不可随意移动的附属设备和配套设施,在会计上单独记账与核算,可不计入房产原值

   C. 对附属设备和配套设施中易损坏、需要经常更换的零配件,更新后不再计入房产原值

   D. 对更换房屋附属设备和配套设施的,在将其价值计入房产原值时,不得扣减原来相应设备和设施价值

5. 根据房产税相关法律制度的规定,下列表述中,正确的有( )。

   A. 公园内开设的照相馆免征房产税

   B. 毁损不堪居住的房屋和危险房屋,经有关部门鉴定,在停止使用后,可免征房产税

   C. 个人拥有的非营业用的房产,免征房产

   D. 国家财政部门拨付事业经费、单位自用的房产免征房产税

6. 根据房产税相关法律制度的规定,下列与房屋不可分割的附属设备中,应计入房产原值计缴房产税的有( )。

   A. 中央空调   B. 电梯

   C. 暖气设备   D. 给水排水管道

7. 免纳房产税的房产包括( )。

   A. 国家机关、人民团体、军队的房产

   B. 个人所有非营业用房产

   C. 宗教寺庙、公园、名胜古迹的房产

   D. 经财政部批准免税的其他房产

三、判断题

1. 张某将个人拥有产权的房屋出典给李某,则李某为该房屋房产税的纳税人。( )

2. 凡以房屋为载体,不可随意移动的附属设备和配套设施,无论在会计核算中是否单独记账与核算,都应计入房产原值,计征房产税。( )

3. 独立于房屋之外的建筑物,如围墙、烟囱、水塔、室外游泳池等不属于房产税的征税范围。( )

4. 房地产开发企业建造的商品房,在出售前未自用、出租的,应按规定不征收房产税。( )

5. 个人出租商业用房,房产税税率为4%。( )

6. 对于房产不在同一地方的纳税人,由纳税人自行选择向其中的一处税务机关申报缴纳房产税。( )

7. 房地产开发企业建造的商品房,在出售前已经使用或出租、出借的,不缴纳房产税。( )

【知识点2】 房产税应纳税额的计算

一、单项选择题

1. 某企业202×年度自有生产用房原值5 000万元,账面已计提折旧1 000万元。已知房产税税率为1.2%,当地政府规定计算房产余值的扣除比例为30%。该企业202×年度应缴纳的房产税税额为( )万元。
    A. 18   B. 33.6   C. 42   D. 48

2. 甲拥有两套房产,一套原值为100万元的住房供自己居住,另一套原值为160万元的住房于202×年4月10日用于个体经营。已知当地省政府规定,计算房产余值的扣除比例为20%,房产税税率为1.2%。202×年甲应缴纳的房产税税额为( )万元。
    A. $160×(1-20\%)×1.2\%×9÷12=1.152$
    B. $100×(1-20\%)×1.2\%+160×(1-20\%)×1.2\%×9÷12=2.112$
    C. $160×(1-20\%)×1.2\%×8÷12=1.024$
    D. $100×(1-20\%)×1.2\%+160×(1-20\%)×1.2\%=2.496$

3. 某企业202×年度生产经营用房原值12 000万元,出租房屋原值600万元,年租金80万元。已知房产原值减除比例为30%,房产税税率从价计征的为1.2%,从租计征的为12%。该企业当年应缴纳房产税税额的下列计算中,正确的是( )。
    A. $12\,000×(1-30\%)×1.2\%=100.8(万元)$
    B. $12\,000×(1-30\%)×1.2\%+80×12\%=110.4(万元)$
    C. $(12\,000-600)×1.2\%+80×12\%=146.4(万元)$
    D. $(12\,000+600)×(1-30\%)×1.2\%=105.84(万元)$

4. 张某202×年年初拥有一栋自有住房,房产原值200万元,3月31日将其对外出租,租期1年,每月按照市场价格收取不含税租金1万元。已知房产税税率从价计征的为1.2%,个人出租住房从租计征的为4%,当地省政府规定计算房产余值的减除比例为30%。下列计算202×年张某上述房产应缴纳房产税税额的算式中,正确的是( )。
    A. $1×9×4\%=0.36(万元)$
    B. $200×(1-30\%)×1.2\%÷12×3+1×9×4\%=0.78(万元)$
    C. $200×(1-30\%)×1.2\%÷12×4+1×8×4\%=0.78(万元)$
    D. $200×(1-30\%)×1.2\%=1.68(万元)$

5. 甲企业202×年年初自有房屋10栋,全部自用于生产经营,房产原值共计1 500万元,但不包括中央空调120万元。已知当地政府规定的计算房产余值的扣除比例为20%,从价计征的房产税税率为1.2%。有关甲企业202×年度应缴纳的房产税,下列算式中,正确的是( )。
    A. $1\,500×1.2\%=18(万元)$
    B. $1\,500×(1-20\%)×1.2\%=14.4(万元)$
    C. $(1\,500+120)×1.2\%=19.44(万元)$

D. (1 500+120)×(1−20%)×1.2%=15.552(万元)
6. 某工业企业202×年有用于生产经营的厂房2 000平方米,原值为240万元。另外,还有用于出租的仓库500平方米,原值为60万元,全年共取得租金10万元。该地区规定的扣除比例为25%。该工业企业全年应缴纳的房产税税额为(   )万元。
   A. 240×(1−25%)×1.2%+10×12%=3.36(万元)
   B. 240×1.2%+10×12%=4.08(万元)
   C. (240+60)×(1−25%)×1.2%+10×12%=3.9(万元)
   D. (240+60)×1.2%+10×12%=4.8(万元)

二、多项选择题

下列房产税的计算公式中,正确的有(   )。
A. 应纳税额=应税房产原值×(1−扣除比例)×1.2%
B. 工业用途房产,应税房产原值=房屋原价×(50%~60%)
C. 商业和其他用途房产,应税房产原值=房屋原价×(70%~80%)
D. 应纳税额=租金收入×12%(或4%)

三、判断题

1. 从价计征以房产原值减除一定比例后的余值计算房产税。   (   )
2. 工业用途房产,以房屋原价的50%~60%作为应税房产原值。   (   )
3. 商业和其他用途房产,以房屋原价的60%~70%作为应税房产原值。   (   )

四、业务题

1. 某企业的经营用房原值为5 000万元,按照当地规定允许减除30%。
   要求:计算该企业应缴纳的房产税税额。

2. 某公司出租房屋10间,年租金收入为300 000元。
   要求:计算该公司应缴纳的房产税税额。

3. 某上市公司202×年以5 000万元购得一处高档会所,然后加以改建,支出500万元在后院新建一露天泳池;支出500万元新增中央空调系统,拆除200万元的照明设施;再支付500万元安装智能照明和楼宇声控系统,会所于202×年底改建完毕并对外营业。当地规定计算房产余值的扣除比例为30%。

要求:计算该会所202×年度应缴纳的房产税税额。

4. 甲公司202×年自有房屋10栋,其中8栋用于生产经营,8栋房产原值共计1 000万元(其中不包括冷暖通风设备60万元);2栋房屋出租给乙公司,年租金收入50万元。当地政府规定,允许按房产原值减除20%后的余值计税。

要求:计算甲公司202×年应缴纳的房产税税额。

【知识点3】 契税基本要素

一、单项选择题

1. 根据契税相关法律制度的规定,下列各项中,不属于契税纳税人的是(   )。
   A. 出售房屋的个人
   B. 受赠土地使用权的企业
   C. 购买房屋的个人
   D. 受让土地使用权的企业

2. 根据契税相关法律制度的规定,下列各项中,应缴纳契税的是(   )。
   A. 承包者获得农村集体土地承包经营权
   B. 企业受让土地使用权
   C. 企业将厂房抵押给银行
   D. 个人承租居民住宅

3. 下列关于契税的说法中,正确的是(   )。
   A. 翻建新房,不征收契税
   B. 个人无偿赠与不动产行为(法定继承人除外),应对受赠人全额征收契税
   C. 房屋交换,免征契税
   D. 房屋的附属设施不属于契税的征收范围

4. 根据契税相关法律制度的规定,下列行为中,应征收契税的是( )。
   A. 甲公司出租地下停车场　　　　　B. 丁公司购买办公楼
   C. 乙公司将房屋抵押给银行　　　　D. 丙公司承租仓库

5. 根据契税相关法律制度的规定,下列各项中,属于契税纳税人的是( )。
   A. 获得住房奖励的个人　　　　　　B. 转让土地使用权的企业
   C. 继承父母汽车的子女　　　　　　D. 出售房屋的个体工商户

6. 下列各项中,应征收契税的是( )。
   A. 法定继承人承受房屋权属
   B. 企业以行政划拨方式取得土地使用权
   C. 承包者获得农村集体土地承包经营权
   D. 运动员因成绩突出获得国家奖励的住房

7. 根据契税相关法律制度的规定,下列各项中,应征收契税的是( )。
   A. 企业房产不等价交换　　　　　　B. 房屋继承
   C. 房屋典当　　　　　　　　　　　D. 土地使用权抵押

8. 根据契税相关法律制度的规定,下列情形中,不予免征契税的是( )。
   A. 医院承受划拨土地用于修建门诊楼　　B. 农民承受荒沟土地用于林业生产
   C. 企业接受捐赠房屋用于办公　　　　　D. 学校承受划拨土地用于建造教学楼

二、多项选择题

1. 契税的纳税人有( )。
   A. 国家机关　　　B. 军事单位　　　C. 个体经营者　　　D. 外籍人员

2. 根据税收相关法律制度的规定,下列关于契税的说法中,错误的有( )。
   A. 契税的纳税人是在我国境内转让土地、房屋权属的单位和个人
   B. 国有土地使用权出让应按规定征收契税
   C. 土地使用权转让应按规定征收契税
   D. 承包者获得农村集体土地承包经营权,应按规定征收契税

3. 根据契税相关法律制度的规定,下列各项中,属于契税征税范围的有( )。
   A. 房屋抵押　　　　　　　　　　　B. 土地使用权赠与
   C. 国有土地使用权出让　　　　　　D. 农村集体土地承包经营权转移

4. 下列关于契税计税依据的表述中,符合法律制度规定的有( )。
   A. 受让国有土地使用权的,以成交价格为计税依据
   B. 受赠房屋的,由征收机关参照房屋买卖的市场价格规定计税依据
   C. 购入土地使用权的,以评估价格为计税依据
   D. 交换土地使用权的,以交换土地使用权的价格差额为计税依据

5. 下列项目中,免征契税的有( )。
   A. 承受荒山、荒丘用于农业生产
   B. 房屋继承、赠与

C. 因灾害损失而重新购买住房

D. 公租房经营单位购买住房并以此作为公租房的

6. 202×年1月,张某以80万元的价格购置了一套两室一厅的住房,同时将其原有的一套一室一厅住房出售给李某,成交价格为66万元,已知当地契税的税率为3%。根据契税相关法律制度的规定,下列说法中,正确的有(　　)。(上述金额均不含增值税)

　　A. 李某不需要缴纳契税　　　　　　　B. 李某应缴纳契税1.98万元

　　C. 张某不需要缴纳契税　　　　　　　D. 张某应缴纳契税2.4万元

7. 下列行为中,不需缴纳契税的有(　　)。

　　A. 出租房屋　　　　　　　　　　　　B. 取得股东出资的房产

　　C. 价值不等的房屋交换　　　　　　　D. 法定继承人取得的房屋

8. 下列各项中,免征或不征契税的有(　　)。

　　A. 承受出让的国有土地使用权　　　　B. 受赠人接受他人赠与的房屋

　　C. 法定继承人继承土地、房屋权属　　D. 承受荒山土地使用权用于林业生产

9. 根据契税相关法律制度的规定,下列各项中,免征契税的有(　　)。

　　A. 军事单位承受土地用于军事设施　　B. 国家机关承受房屋用于办公

　　C. 纳税人承受荒山土地使用权用于农业生产　　D. 城镇居民购买商品房用于居住

三、判断题

1. 根据契税相关法律制度的规定,城镇居民第一次购买商品房免征契税。（　　）

2. 契税的纳税期限为自纳税义务发生之日起的15日内。（　　）

3. 王某向李某借款100万元,到期王某无力偿还。王某以一套价值100万元的房产抵偿欠李某的债务,则李某为契税的纳税人。（　　）

4. 以价值100万元的房屋交换价值80万元的机器,则应以20万元作为契税的计税依据。（　　）

5. 契税的纳税义务发生时间为纳税人签订土地、房屋权属转移合同的当天,或者纳税人取得其他具有土地、房屋权属转移合同性质凭证的当天。（　　）

6. 房屋交换,交换价格不相等的,由收取货币、实物、无形资产或其他经济利益的一方缴纳契税;交换价格相等的,免征契税。（　　）

【知识点4】 契税应纳税额计算

一、单项选择题

1. 两单位互换经营性用房,甲单位换到的房屋价格为490万元,乙单位换到的房屋价格为600万元,当地契税税率为3%,则应缴纳的契税是(　　)。

　　A. 甲单位缴纳14.7万元　　　　　　　B. 甲单位缴纳3.3万元

　　C. 乙单位缴纳18万元　　　　　　　　D. 乙单位缴纳3.3万元

2. 202×年11月甲公司购买一幢办公楼,成交价格9 991万元(不含增值税),已知当地规定的契税税率为3%,下列计算甲公司购买办公楼应缴纳契税税额的算式中,正确的是

( )。

A. 9 991×(1+3%)×3%＝308.721 9(万元)

B. 9 991×3%＝299.73(万元)

C. 9 991÷(1－3%)×3%＝309(万元)

D. 9 991÷(1+3%)×3%＝291(万元)

3. 王某有两处住房,将其中一套出售给张某,房屋的不含增值税成交价格为57万元,将另一处价值60万元的三室两厅的住房与李某的两处住房交换,王某支付交换房屋差价款不含增值税金额为12.4元。已知当地政府规定的契税税率为3%,王某上述行为应缴纳的契税为(   )万元。

A. 0.372   B. 1.8   C. 2.082   D. 2.172

4. 老李拥有一套价值72万元的住房,老张拥有一套52万元的住房,双方交换住房,由老张补差20万元给老李。已知契税的税率为3%,下列各项中,正确的是(   )。

A. 老李应缴纳契税2.16万元   B. 老张应缴纳契税0.6万元

C. 老李应缴纳契税0.6万元   D. 老张应缴纳契税2.16万元

5. 周某向谢某借款80万元,后因谢某急需资金,周某以一套价值90万元的房产抵偿欠谢某的债务,谢某取得该房产产权的同时支付周某差价款10万元,已知契税税率为3%。下列关于此次房屋交易缴纳契税的表述中,正确的是(   )。

A. 周某应缴纳契税3万元   B. 周某应缴纳契税2.4万元

C. 谢某应缴纳契税2.7万元   D. 谢某应缴纳契税0.3万元

二、多项选择题

1. 赵某原有两套相同的住房,202×年8月,将其中一套无偿赠送给战友钱某;将另一套以市场价格60万元与谢某的住房进行了等价置换;又以100万元价格购置了一套新住房,已知契税的税率为3%。根据契税法律制度的规定,下列说法正确的有(   )。

A. 赵某应缴纳契税3万元   B. 赵某应缴纳契税4.8万元

C. 钱某应缴纳契税1.8万元   D. 钱某无需缴纳契税

2. 202×年6月,张某以100万元的价格购置了一套两室一厅住房,同时将其原有的一套一室一厅住房出售给李某,成交价格为70万元,已知当地契税的税率为3%。根据契税法律制度的规定,下列说法中,正确的有(   )。

A. 李某不需要缴纳契税   B. 李某应缴纳契税2.1万元

C. 张某应缴纳契税3万元   D. 张某应缴纳契税5.1万元

3. 202×年10月,甲企业用自产的价值80万元的原材料换取乙企业的厂房,并因此用现金补给乙企业40万元差价;当月甲企业又将一套价值100万元的厂房与丙企业的办公楼交换,并用自产的价值50万元的商品补给丙企业差价,已知当地契税税率为3%。下列计算关于甲企业应缴纳契税的算式中,正确的有(   )。

A. 甲企业用原材料换取乙企业厂房应纳契税＝40×3%＝1.2(万元)

B. 甲企业用原材料换取乙企业厂房应纳契税＝(80+40)×3%＝3.6(万元)

C. 甲企业用厂房换取丙企业办公楼应纳契税＝50×3％＝1.5(万元)

D. 甲企业用厂房换取丙企业办公楼应纳契税＝(100＋50)×3％＝4.5(万元)

三、判断题

1. 契税的计税依据为不动产的不含增值税价格。（　）

2. 转移土地、房屋权属以外汇结算的,按照纳税义务发生之日中国人民银行公布的人民币市场汇率中间价,折合成人民币计算。（　）

四、业务题

1. 202×年6月,张某以200万元的价格购置了一套住房,同时将其原有的一套市场价格120万元的住房与王某的住房进行了置换,王某支付差额20万元,已知当地契税的税率为3％。

要求:根据契税相关法律制度的规定,分别计算张某和王某应缴纳的契税税额。

2. 居民乙因拖欠居民甲180万元的款项无力偿还,202×年6月经当地有关部门调解,以房产抵偿该笔债务,居民甲因此取得该房产的产权并支付给居民乙差价款20万元。假定当地省政府规定的契税税率为5％。

要求:计算居民甲应缴纳的契税税额。

3. 重庆李某202×年5月购买150平方米,总价300万元的首套住房。

要求:计算李某应缴纳的契税税额。

【知识点5】 土地增值税纳税义务人与征税范围

一、单项选择题

1. 下列情形中，应当缴纳土地增值税的是(　　)。
   A. 工业企业向房地产开发企业转让国有土地使用权
   B. 房产所有人通过希望工程基金会将房屋产权赠与西部教育事业
   C. 甲企业出资金、乙企业出土地，双方合作建房，建成后按比例分房自用
   D. 房地产开发企业代客户进行房地产开发，开发完成后向客户收取代建收入

2. 土地增值税是在房地产的(　　)环节征收的。
   A. 出租　　　　　B. 转让　　　　　C. 使用　　　　　D. 建设

3. 下列各项中，应当征收土地增值税的是(　　)。
   A. 公司与公司之间互换房产
   B. 房地产开发公司为客户代建房产
   C. 兼并企业从被兼并企业取得房产
   D. 双方合作建房按比例分配房产后自用

4. 根据土地增值税相关法律制度的规定，下列各项中，不属于土地增值税纳税人的是(　　)。
   A. 出租住房的孙某　　　　　　　B. 转让国有土地使用权的甲公司
   C. 出售商铺的潘某　　　　　　　D. 出售写字楼的乙公司

5. 根据土地增值税相关法律制度的规定，下列各项中，不属于土地增值税纳税人的是(　　)。
   A. 以房抵债的某外商投资企业　　B. 出租写字楼的某外资房地产开发公司
   C. 转让住房的某个体经营者　　　D. 转让国有土地使用权的某国家机关

二、多项选择题

1. 根据土地增值税法的相关规定，土地增值税的征税范围包括(　　)。
   A. 转让国有土地使用权
   B. 出让国有土地使用权
   C. 转让集体土地
   D. 地上的建筑物及其附着物，连同国有土地使用权一并转让

2. 下列情形中，应当计算缴纳土地增值税的有(　　)。
   A. 合作建房，建成后对外出售
   B. 个人销售住房
   C. 纳税人建造普通标准住宅出售，增值额超过扣除项目金额30%的
   D. 房地产开发企业收取的代建收入

3. 以下属于土地增值税纳税义务人的有(　　)。

A. 转让国有土地使用权的事业单位 B. 转让地上建筑物的企业
C. 转让地上建筑物的个体工商户 D. 将办公楼用于出租的企业

三、判断题

1. 房产所有人将房屋赠与对其承担直接赡养义务的人,不征收土地增值税。（   ）
2. 土地增值税纳税人转让房地产的,只有取得了货币收入,才需要缴纳土地增值税。（   ）
3. 国有企业在清产核资时,对房地产进行重新评估而产生的评估增值,需要缴纳土地增值税。（   ）
4. 土地增值税只对转让国有土地使用权的行为征税,对转让地上建筑物及其他附着物产权的行为不征税。（   ）

【知识点6】 土地增值税计税依据

一、单项选择题

1. 下列各项中,采用超率累进税率计算应纳税额的是(   )。
   A. 企业所得税   B. 个人所得税   C. 土地增值税   D. 车辆购置税
2. 选择土地增值税适用税率的依据是(   )。
   A. 转让房地产的收入额与扣除项目金额之比   B. 增值额与转让房地产的收入额之比
   C. 增值额与扣除项目金额之比   D. 扣除项目金额与增值额之比
3. 甲公司开发一项房地产项目,因取得土地使用权而支付的金额为1 000万元,发生开发成本6 000万元,发生开发费用2 000万元。其中,利息支出900万元,无法提供金融机构贷款利息证明。已知,当地房地产开发费用的计算扣除比例为10%。甲公司计算缴纳土地增值税时,可以扣除的房地产开发费用为(   )万元。
   A. 1 100   B. 600   C. 200   D. 700
4. 某房地产开发企业开发一项房地产项目,因取得土地使用权而支付的金额为2 000万元,发生开发成本6 000万元,利息支出中有800万元能够按转让房地产项目计算分摊,且提供金融机构贷款利息证明。已知,当地房地产开发费用的计算扣除比例为5%。该房地产开发企业计算缴纳土地增值税时,可以扣除的房地产开发费用为(   )万元。
   A. 800   B. 1 200   C. 400   D. 8 000
5. 202×年某房地产开发企业进行普通标准住宅开发,已知支付的土地出让金及相关税费为3 000万元;住宅开发成本2 800万元;房地产开发费用中的利息支出为300万元(不能提供金融机构证明);销售过程中,缴纳增值税450万、城市维护建设税和教育费附加45万元、印花税4.5万元。已知,该企业所在省的省人民政府规定的房地产开发费用的计算扣除比例为10%,房地产开发加计扣除比例为20%。则该企业在计算应缴纳的土地增值税税额时,准予扣除的项目金额合计为(   )万元。
   A. 581.5   B. 7 585   C. 7 589.5   D. 8 035

二、多项选择题

1. 根据土地增值税相关法律制度的规定,下列各项中,属于房地产开发成本的有(   )。
   A. 土地征用及拆迁补偿费
   B. 前期工程费
   C. 建筑安装工程费
   D. 公共配套设施费

2. 根据土地增值税相关法律制度的规定,下列各项中,应计入"取得土地使用权所支付的金额"中的有(   )。
   A. 以协议出让方式取得土地使用权所支付的土地出让金
   B. 取得土地使用权过程中按规定缴纳的有关登记、过户手续费
   C. 取得土地使用权所缴纳的契税
   D. 对土地进行"三通一平"的费用

3. 根据土地增值税相关法律制度的规定,房地产开发企业转让新建房地产项目在计算土地增值税税额时,下列各项中,准予扣除的项目有(   )。
   A. 评估价格
   B. 取得土地使用权所支付的金额
   C. 房地产开发成本
   D. 与转让房地产有关的税金

4. 纳税人转让旧房,在计算土地增值额时,允许扣除的项目有(   )。
   A. 转让环节缴纳给国家的各项税费
   B. 经税务机关确认的房屋及建筑物的评估价格
   C. 当期发生的管理费用、财务费用和销售费用
   D. 取得土地使用权所支付的价款和按国家规定缴纳的有关税费

5. 下列关于计算土地增值税的说法中,错误的有(   )。
   A. 房地产开发企业可以按照取得土地使用权所支付的金额与开发成本之和加扣20%的费用
   B. 旧房销售按重置成本价扣除费用计算的价格扣除
   C. 所有与转让有关的税金均可作为税金扣除
   D. 纳税人转让旧房及建筑物,凡不能取得评估价格,即使能提供购房发票的也实行核定征收

6. 下列关于计征土地增值税时确定取得土地使用权所支付金额中地价款的说法中,正确的有(   )。
   A. 以协议出让方式取得土地使用权的,为支付的土地出让金
   B. 以行政划拨方式取得土地使用权变更为有偿使用的,为按规定补交的土地出让金
   C. 以转让方式取得土地使用权的,为实际支付的地价款
   D. 以拍卖出让方式取得土地使用权的,为土地使用权的账面价值

三、判断题

1. 纳税人转让旧房及建筑物时,为确定房地产的评估价值而发生的评估费用,允许在计算土地增值税时予以扣除。(   )

2. 土地增值税扣除项目"与转让房地产有关的税金"中包括增值税。(   )

3. 在计算土地增值税时,房地产开发费用按照纳税人实际发生额进行扣除。（ ）

【知识点7】 土地增值税应纳税额的计算

一、单项选择题

1. 甲房地产公司202×年11月销售自行开发的商业房地产项目,取得不含增值税收入2亿元,准予从房地产转让收入额中减除的扣除项目金额为1.2亿元。已知土地增值税税率为40%,速算扣除系数为5%。下列计算甲房地产公司该笔业务应缴纳土地增值税税额的算式中,正确的是(　　)。
   A. (20 000－12 000)×40%－20 000×5%＝2 200(万元)
   B. (20 000－12 000)×40%－12 000×5%＝2 600(万元)
   C. 20 000×40%－12 000×5%＝7 400(万元)
   D. 20 000×40%－(20 000－12 000)×5%＝7 600(万元)

2. 某工业企业202×年转让一幢新建办公楼,取得的收入为5 000万元,该办公楼建造成本和准予扣除的开发费用共计3 700万元,缴纳与转让办公楼相关的税金为277.5万元(其中印花税2.5万元)。该企业应缴纳的土地增值税税额为(　　)万元。
   A. 96.75　　　　B. 97.50　　　　C. 306.75　　　　D. 307.50

3. 202×年3月,某房地产开发公司转让5年前购入的一块土地,取得转让收入1 800万元,该土地购进价为1 200万元,取得土地使用权时缴纳相关税费40万元,转让该土地时缴纳相关税费35万元。该房地产开发公司转让土地时应缴纳的土地增值税税额为(　　)万元。
   A. 73.5　　　　B. 150　　　　C. 157.5　　　　D. 300

4. 202×年某房地产开发公司销售其新建写字楼一栋,取得销售收入1.1亿元,已知该公司取得土地使用权时支付的金额为3 000万元,开发成本为3 500万元,该公司没有按房地产项目计算分摊银行借款利息。该商品房所在地的省政府规定计征土地增值税时,房地产开发费用扣除比例为9%,销售商品房缴纳有关税费605万元(不含增值税和印花税)。该公司销售写字楼应缴纳的土地增值税税额为(　　)万元。
   A. 603　　　　B. 993　　　　C. 973.5　　　　D. 2 697

5. 某生产企业202×年销售一栋8年前建造的办公楼,取得销售收入1 200万元。该办公楼原值700万元,已计提折旧400万元。经房地产评估机构评估,该办公楼的重置成本为1 400万元,成新度折扣率为五成,销售时缴纳的各种税费共计72万元。该生产企业销售办公楼时应缴纳的土地增值税税额为(　　)万元。
   A. 128.4　　　　B. 132.6　　　　C. 146.8　　　　D. 171.2

6. 202×年某房地产开发公司销售其新建商品房一幢,取得销售收入1.4亿元。已知,该公司支付与商品房相关的土地使用权费及开发成本共4 800万元;该公司没有按房地产项目计算分摊银行借款利息;该商品房所在地的省政府规定计征土地增值税时,房地产开发费用扣除比例为10%;销售商品房缴纳的有关税金770万元。该公司销售该商品房应缴纳的土地增值税税额为(　　)万元。
A. 2 256.5　　　　B. 2 445.5　　　　C. 3 070.5　　　　D. 3 080.5

7. 甲公司转让一幢位于城区的旧写字楼,原造价为1 500万元,取得土地使用权所支付的地价款及相关费用为400万。经房地产评估机构评定,其重置成本为2 000万元,成新度折扣率为七成,转让价格3 000万元,支付有关税费100万元,甲公司应缴纳的土地增值税税额为(　　)万元。
A. 90　　　　　　B. 500　　　　　　C. 215　　　　　　D. 345

二、多项选择题

下列关于土地增值税应纳税额的计算公式中,正确的有(　　)。
A. 增值额=不含增值税转让收入额-扣除项目金额
B. 增值率=增值额÷收入金额×100%
C. 增值额=含增值税转让收入额-扣除项目金额
D. 增值率=增值额÷扣除项目金额×100%

三、判断题

1. 土地增值税应纳税额=增值额×适用税率-扣除项目金额×速算扣除系数。(　　)
2. 土地增值税按照纳税人转让房地产所取得的增值额和规定的税率计算征收。(　　)

四、业务题

1. 假定某房地产开发公司转让商品房一栋,取得的收入总额为1 000万元,应扣除的购买土地、开发成本、开发费用、相关税金及其他扣除金额合计为400万元。
   要求:计算该房地产开发公司应缴纳的土地增值税。

2. 某房地产开发公司出售一幢写字楼,收入总额为1亿元。开发该写字楼的有关支出为:支付地价款及各种费用1 000万元;房地产开发成本3 000万元;财务费用中的利息支出为500万元(可按转让项目计算分摊并提供金融机构证明),但其中有50万元属加罚的利息;转让环节缴纳的有关税费共555万元;该单位所在地政府规定的其他房地产开发费用计算扣除比例为5%。
   要求:计算该房地产开发公司应缴纳的土地增值税。

3. 某工业企业转让一幢20世纪90年代建造的厂房,当时造价100万元,无偿取得土地使用权。如果按现行市场价的材料、人工费计算,建造同样的房子需600万元,该房子为七成新,按500万元出售,支付有关税费27.5万元。

要求:计算企业转让旧房时应缴纳的土地增值税税额。

【知识点8】 土地增值税税收优惠与征收管理

一、单项选择题

1. 对竣工验收的房地产开发项目,已转让的房地产建筑面积占整个项目可售建筑面积的比例在( )以上的,主管税务机关可要求纳税人进行土地增值税清算。
   A. 40%　　　　　B. 75%　　　　　C. 85%　　　　　D. 90%

2. 根据土地增值税相关法律制度的规定,下列各项中,不属于纳税人应当进行土地增值税清算的是( )。
   A. 直接转让土地使用权的
   B. 房地产开发项目全部竣工、完成销售的
   C. 整体转让未竣工决算房地产开发项目的
   D. 取得销售(预售)许可证满3年仍未销售完毕的

3. 根据土地增值税相关法律制度的规定,下列各项中,不属于主管税务机关可要求纳税人进行土地增值税清算的情形是( )。
   A. 已竣工验收的房地产开发项目,已转让的房地产建筑面积占整个项目可售建筑面积的比例达到90%的
   B. 取得销售(预售)许可证满3年仍未销售完毕的
   C. 纳税人申请注销税务登记,但未办理土地增值税清算手续的
   D. 直接转让土地使用权的

4. 根据土地增值税相关法律制度的规定,下列关于土地增值税纳税地点的说法中,正确的是( )。
   A. 纳税人是法人的,当转让的房地产坐落地与其机构所在地或经营所在地一致时,在办理税务登记的原管辖税务机关申报缴纳土地增值税
   B. 纳税人是自然人的,当转让的房地产坐落地与其居住所在地不一致时,在房产坐落地申报缴纳土地增值税

C. 纳税人是自然人的,当转让的房地产坐落地与其居住所在地一致时,在居住所在地税务机关申报缴纳土地增值税

D. 纳税人是法人的,当转让的房地产坐落地与其机构所在地或经营所在地不一致时,应在机构所在地申报缴纳土地增值税

5. 下列项目中,应征收土地增值税的是( )。
   A. 个人继承的房产
   B. 国有土地使用权的出让
   C. 因国家建设被征用的房地产
   D. 合作建房建成后转让的房地产

6. 下列项目中,属于土地增值税免税范围的是( )。
   A. 建造普通标准住宅出售,增值额超过扣除项目金额之和20%的
   B. 个人之间互换自有居住用房地产的
   C. 非房地产开发企业对外投资(投资于房地产开发企业)的房产
   D. 企事业单位转让旧房

二、多项选择题

1. 下列各项中,属于土地增值税核定征收的情形有( )。
   A. 虽设置账簿,但账目混乱或者成本资料、收入凭证、费用凭证残缺不全,难以确定转让收入或扣除项目金额的
   B. 擅自销毁账簿或者拒不提供纳税资料的
   C. 申报的计税依据明显偏低,又无正当理由的
   D. 符合土地增值税清算条件,未按照规定的期限办理清算手续,经税务机关责令限期清算,逾期仍不清算的

2. 根据土地增值税相关法律制度的规定,下列各项中,应当进行土地增值税清算的有( )。
   A. 房地产开发项目全部竣工、完成销售的
   B. 整体转让未竣工决算房地产开发项目的
   C. 直接转让土地使用权的
   D. 纳税人申请注销税务登记,但未办理土地增值税清算手续的

3. 根据土地增值税相关法律制度的规定,下列情形中,免于缴纳土地增值税的有( )。
   A. 因城市实施规划、国家建设的需要而搬迁,由纳税人自行转让原房地产
   B. 纳税人建造高级公寓出售,增值额未超过扣除项目金额的20%
   C. 企事业单位转让旧房作为公共租赁住房房源,且增值额未超过扣除项目金额的20%
   D. 因国家建设需要依法征用、收回的房地产

三、判断题

1. 纳税人转让旧房及建筑物,凡不能取得评估价格,但能提供购房发票的,可按购房发票所载金额并从购买年度起至转让年度止,每年加计5%计算扣除项目金额;对于纳税人购房时缴纳的契税,凡能够提供契税完税凭证的,准予作为"与转让房地产有关的税金"予以扣除,但不作为加计5%的基数。 ( )

2. 纳税人建造普通标准住宅出售,增值额未超过扣除项目金额 20% 的,予以免税;超过 20% 的,应按超过部分增值额缴纳土地增值税。　　　　　　　　　　　(　　)

3. 已竣工验收的房地产开发项目,已转让的房地产建筑面积占整个项目可售建筑面积的比例在 85% 以上,或该比例虽未超过 85%,但剩余的可售建筑面积已经出租或自用的,纳税人应进行土地增值税的清算。　　　　　　　　　　　　　　　(　　)

第十一章 车辆购置税、车船税和印花税

【知识点1】 车辆购置税

一、单项选择题

1. 根据车辆购置税相关法律制度的规定,下列各项中,不属于车辆购置税征税范围的是( )。
   A. 汽车　　　　　B. 电动自行车　　　　C. 有轨电车　　　　D. 挂车

2. 根据车辆购置税相关法律制度的规定,下列各项中,不属于车辆购置税征税范围的是( )。
   A. 有轨电车　　　B. 摩托车　　　　　　C. 汽车　　　　　　D. 火车

3. 甲汽车专卖店购入小汽车(非新能源车辆)12 辆,下列行为中,应当由甲汽车专卖店作为纳税人缴纳车辆购置税的是( )。
   A. 将其中 6 辆销售给客户
   B. 将其中 2 辆作为董事长、总经理的专用轿车
   C. 将其中 1 辆赠送给乙企业
   D. 库存 3 辆尚未售出

4. 根据车辆购置税相关法律制度的规定,下列各项非新能源车辆中,免征车辆购置税的是( )。
   A. 个人购买自用的汽车　　　　　　　B. 个人受赠自用的摩托车
   C. 外国驻华使馆购买的自用汽车　　　D. 企业自产自用的汽车

5. 根据车辆购置税相关法律制度的规定,下列车辆中,不属于车辆购置税免税项目的是( )。
   A. 外国驻华使馆的自用小汽车　　　　B. 设有固定装置的非运输车辆
   C. 城市公交企业购置的公共汽电车　　D. 个人购买的经营用小汽车

6. 202×年5月,王某在某房产公司举办的有奖购房活动中,中奖获得一辆小汽车,房产公司提供的机动车销售统一发票上注明的价税合计金额为 80 000元。国家税务总局核定该型车辆的车辆购置税最低计税价格为 73 000元。王某应缴纳的车辆购置税税额为( )元。
   A. 6 239.32　　　B. 7 079.65　　　C. 7 300　　　D. 8 000

7. 某汽车公司 202×年8月接受 8 辆关联方捐赠的排气量为 2.0 升的小汽车以自用。已知该小汽车的成本为 10 万元/辆,成本利润率为 8%,消费税税率为 9%;关联方购置小汽车时,相关凭证载明的价格为 15 万元/辆(不含增值税)。则该汽车公司应缴纳的车

辆购置税税额为（　　）万元。

A. 8　　　　　　　B. 9.49　　　　　　C. 0　　　　　　　D. 12

8. 某4S店202×年5月进口9辆商务车,海关核定的关税计税价格为40万元/辆,当月销售4辆,2辆作为样车放置在展厅待售,1辆公司自用。该4S店应缴纳的车辆购置税税额为（　　）万元。（提示:商务车关税税率为25%,消费税税率为12%）

A. 5.48　　　　　　B. 5.60　　　　　　C. 5.68　　　　　　D. 17.04

9. 依据车辆购置税相关法律制度的规定,下列说法中,正确的是（　　）。

A. 纳税人购买自用的应税车辆,自购买之日起90日内申报纳税

B. 车辆购置税税款可以分期缴付

C. 车辆购置税选择单一环节,实行一次课征制度,购置已征车辆购置税的车辆,不再征收车辆购置税

D. 车辆购置税的征税环节为车辆的出厂环节

10. 自产、受赠、获奖和以其他方式取得并自用应税车辆的,应当自取得之日起（　　）日内申报缴纳车辆购置税。

A. 15　　　　　　　B. 60　　　　　　　C. 30　　　　　　　D. 10

二、多项选择题

1. 根据车辆购置税相关法律制度的规定,下列各项中,属于车辆购置税征收范围的有（　　）。

A. 摩托车　　　　　B. 挂车　　　　　　C. 游艇　　　　　　D. 非机动驳船

2. 根据车辆购置税相关法律制度的规定,下列各项中,应征收车辆购置税的有（　　）。

A. 挂车　　　　　　B. 电动自行车　　　C. 有轨电车　　　　D. 游艇

3. 下列行为中,属于车辆购置税应税行为的有（　　）。

A. 销售应税车辆的行为　　　　　　　　B. 对外捐赠应税车辆的行为

C. 进口自用应税车辆的行为　　　　　　D. 自产自用应税车辆的行为

4. 按照现行政策规定,下列属于车辆购置税免税项目的有（　　）。

A. 外国驻华使馆、领事馆和国际组织驻华机构及其外交人员自用的车辆

B. 中国人民解放军和中国人民武装警察部队列入军队武器装备订货计划的车辆

C. 设有固定装置的非运输车辆

D. 自卸式垃圾车

5. 根据车辆购置税相关法律制度的规定,下列说法正确的有（　　）。

A. 纳税人购买自用的应税车辆,自购买之日起30日内申报纳税

B. 车辆购置税是在应税车辆上牌登记注册前的使用环节征收

C. 免税车辆发生转让,但仍属于免税范围的,受让方应当自购买或取得车辆之日起90日内到主管税务机关重新申报免税

D. 需要办理车辆登记注册手续的纳税人,车辆购置税的纳税地点为应税车辆登记注册地

6. 下列关于车辆购置税办理纳税申报地点的表述中,正确的有（　　）。

A. 需要办理车辆登记注册手续的纳税人,向车辆登记注册地的主管税务机关办理纳税
B. 需要办理车辆登记注册手续的纳税人,向购买地的主管税务机关办理纳税申报
C. 不需要办理车辆登记注册手续的纳税人,向车辆上牌落籍地或落户地的主管税务机关申报
D. 不需要办理车辆登记注册手续的纳税人,向纳税人所在地的主管税务机关办理纳税申报

三、判断题

1. 纳税人以受赠、获奖或者其他方式取得的自用应税车辆,计税价格按照购置应税车辆时相关凭证载明的价格确定,包括增值税税款。（ ）
2. 车辆购置税以列举的车辆作为征税对象,未列举的车辆不纳税。其征税范围包括汽车、有轨电车、汽车挂车、排气量超过150毫升的摩托车。（ ）
3. 进口自用的应税小汽车的计税价格,包括关税完税价格和关税,不包括消费税。（ ）
4. 购买汽车向销售方同时支付的车辆装饰费,不并入计税价格。（ ）
5. 车辆购置税实行一车一申报制度。购置已征车辆购置税的车辆,不再征收车辆购置税。（ ）
6. 车辆购置税是在应税车辆上牌登记注册前的使用环节征收。（ ）
7. 纳税人应当自纳税义务发生之日起90日内申报缴纳车辆购置税。（ ）

【知识点2】 车船税

一、单项选择题

1. 根据车船税相关法律制度的规定,下列车船中,应缴纳车船税的是(   )。
   A. 商用客车   B. 捕捞渔船
   C. 警用车船   D. 养殖渔船
2. 根据车船税相关法律制度的规定,下列各项中,不属于车船税征税范围的是(   )。
   A. 摩托车   B. 拖拉机   C. 游艇   D. 挂车
3. 根据车船税相关法律制度的规定,车船税的纳税地点为(   )。
   A. 车船的登记地   B. 车船的购买地
   C. 车船的使用地   D. 车船的生产地
4. 根据车船税相关法律制度的规定,下列车辆中,免征车船税的是(   )。
   A. 建筑公司专用作业车 B. 人民法院警务用车
   C. 商场管理部门用车   D. 物流公司货车
5. 根据车船税相关法律制度的规定,下列各项中,免征车船税的是(   )。
   A. 家庭自用的纯电动乘用车 B. 国有企业的公用汽油动力乘用车
   C. 外国驻华使领馆的自用商务车 D. 个体工商户自用摩托车
6. 根据车船税相关法律制度的规定,下列各项中,以"辆数"为计税依据的是(   )。
   A. 货车   B. 轮式专用机械车
   C. 乘用车   D. 专用作业车

7. 根据车船税相关法律制度的规定,下列各项中,属于机动船舶计税单位的是( )。
   A. 净吨位每吨
   B. 整备质量每吨
   C. 艇身长度每米
   D. 购置价格

8. 甲公司202×年拥有机动船舶10艘,每艘净吨位为150吨;非机动驳船5艘,每艘净吨位为80吨。已知机动船舶适用年基准税额为每吨3元,下列计算甲公司当年应缴纳车船税税额的算式中,正确的是( )。
   A. (10×150+5×80)×3=5 700(元)
   B. 10×150×3×50%+5×80×3=3 450(元)
   C. (10×150+5×80)×3×50%=2 850(元)
   D. 10×150×3+5×80×3×50%=5 100(元)

9. 某企业202×年初拥有小轿车2辆;当年4月,1辆小轿车被盗,已按照规定办理退税。通过公安机关的侦查,9月被盗车辆失而复得,并取得公安机关的相关证明。已知,当地小轿车车船税的年税额为500元/辆,该企业202×年实际应缴纳的车船税为( )元。
   A. 500
   B. 791.67
   C. 833.33
   D. 1 000

10. 某公司202×年有如下车辆:货车3辆,每辆整备质量15吨;7月份购入挂车4辆,每辆整备质量5吨,公司所在地政府规定货车年税额为98元/吨。202×年该公司应缴纳的车船税税额为( )元。
    A. 1 960
    B. 4 410
    C. 4 900
    D. 5 390

11. 根据车船税相关法律制度的规定,下列关于车船税纳税申报的表述中,不正确的是( )。
    A. 扣缴义务人已代收代缴车船税的,纳税人不再向车辆登记地的主管税务机关申报缴纳车船税
    B. 没有扣缴义务人的,纳税人应当向主管税务机关自行申报缴纳车船税
    C. 已缴纳车船税的车船在同一纳税年度内办理转让过户的,需要另外纳税
    D. 车船税按年申报,分月计算,一次性缴纳

二、多项选择题

1. 根据车船税相关法律制度的规定,以下属于车船税征税范围的有( )。
   A. 用于耕地的拖拉机
   B. 用于接送员工的客车
   C. 用于休闲娱乐的游艇
   D. 供企业经理使用的小汽车

2. 根据车船税相关法律制度的规定,下列有关车船税计税依据的表述中,正确的有( )。
   A. 商用客车以辆数为计税依据
   B. 机动船舶以整备质量吨位数为计税依据
   C. 游艇以艇身长度为计税依据
   D. 商用货车以净吨位数为计税依据

3. 下列属于车船税征收范围的有( )。
   A. 摩托车　　　　B. 火车　　　　C. 客车　　　　D. 货车
4. 根据车船税相关法律制度的规定,下列交通工具中,属于车船税征收范围的有( )。
   A. 小轿车　　　　　　　　　　B. 货船
   C. 摩托车　　　　　　　　　　D. 纯电动乘用车
5. 以下关于我国车船税税目税率的表述中,正确的有( )。
   A. 车船税采用定额税率
   B. 挂车按照货车税额的50%计算
   C. 货车包括半挂牵引车、三轮汽车和低速载货汽车
   D. 拖船和非机动驳船分别按机动船舶税额的70%计算

三、判断题

1. 甲公司依法不需要在车船登记管理部门登记的、在单位内部场所行驶的机动车辆,属于车船税的征税范围。( )
2. 纯电动乘用车和燃料电池乘用车不属于车船税征税范围,对其不征车船税。( )
3. 军队使用的所有车船均免征车船税。( )
4. 车船税按年申报,分月计算,一次性缴纳。纳税年度为公历1月1日至12月31日。( )
5. 车辆的具体适用税额由省、自治区、直辖市税务机关,依照规定的税额幅度和国务院的规定确定。( )

【知识点3】 印花税

一、单项选择题

1. 下列各项中,应当征收印花税的是( )。
   A. 甲公司与乙公司签订的运输合同　　B. 会计咨询合同
   C. 个人书立的动产买卖合同　　　　　D. 合同副本
2. 根据《印花税法》的规定,依照0.3‰的税率征收印花税的是( )。
   A. 融资租赁合同　　　　　　B. 买卖合同
   C. 租赁合同　　　　　　　　D. 仓储合同
3. 下列各项中,关于印花税计税依据说法不正确的是( )。
   A. 买卖合同中记载的支付价款　　B. 租赁合同中的租赁金额
   C. 运输合同中的运输费用(运费收入)　D. 借款合同中的借款本利合计金额
4. 下列各项中,属于印花税征税范围的是( )。
   A. 餐饮服务许可证　　　　　　B. 营业执照
   C. 商标注册证　　　　　　　　D. 专利权转让书据
5. 甲公司与乙公司签订一份加工承揽合同,合同载明由甲公司提供原材料200万元,支付乙公司加工费30万元;又与丙公司签订了一份财产保险合同,保险金额1 000万元,支

付保险费 1 万元。已知承揽合同的印花税税率为 0.3‰,财产保险合同的印花税税率为 1‰。则下列计算甲公司签订的上述两份合同应缴纳印花税税额的算式中正确的是（　　）万元。

A. 200×0.3‰＋1 000×1‰＝1.06
B. 200×0.3‰＋1×1‰＝0.061
C. 30×0.3‰＋1×1‰＝0.01
D. 30×0.3‰＋1 000×1‰＝1.009

6. 甲公司于 202×年 8 月开业后,开设了营业账簿,当年记载了实收资本和资本公积共 1 000 万元,资产 2 500 万元。已知,营业账簿印花税税率为 0.25‰,甲公司应缴纳的印花税税额为（　　）元。

A. 6 250　　　B. 8 750　　　C. 2 500　　　D. 3 750

7. 甲乙双方签订了一份仓储保管合同,合同上注明货物金额 500 万元,保管费用 10 万元。已知仓储保管合同的印花税税率为 1‰,则甲乙双方共应缴纳的印花税税额为（　　）元。

A. 100　　　B. 200　　　C. 2 550　　　D. 5 100

8. 某电厂与某水运公司签订一份运输保管合同,合同载明的费用为 50 万元(运输费和保管费未分别记载)。运输合同的印花税税率为 0.3‰,保管费的印花税税率为 1‰,该项合同双方各应缴纳的印花税税额为（　　）元。

A. 0　　　B. 250　　　C. 500　　　D. 750

9. 根据印花税相关法律制度的规定,适用 0.05‰税率的是（　　）。

A. 营业账簿　　B. 借款合同　　C. 买卖合同　　D. 运输合同

10. 根据印花税相关法律制度的规定,应税营业账簿的计税依据是（　　）。

A. 营业账簿记载的营业外收入金额
B. 营业账簿记载的营业收入金额
C. 营业账簿记载的银行存款金额
D. 营业账簿记载的实收资本(股本)、资本公积合计金额

二、多项选择题

1. 根据印花税相关法律制度的规定,下列各项中,属于印花税纳税人的有（　　）。

A. 立据人　　B. 证券出让人　　C. 立合同人　　D. 立账簿人

2. 根据印花税相关法律制度的规定,下列合同中,属于印花税征税范围的有（　　）。

A. 运输合同　　B. 买卖合同　　C. 租赁合同　　D. 技术合同

3. 根据印花税相关法律制度的规定,下列各项中属于印花税征税范围的有（　　）。

A. 土地使用权出让书据
B. 土地使用权转让书据
C. 商品买卖合同
D. 股权转让书据(非缴纳证券交易印花税)

4. 根据印花税相关法律制度的规定,营业账簿以（　　）的合计金额作为印花税的计税依据。

A. 实收资本　　　B. 长期投资　　　C. 资本公积　　　D. 盈余公积

5. 下列各项中,应按"合同"税目征收印花税的有(　　)。
   A. 承揽合同　　　　　　　　　B. 会计咨询合同
   C. 运输合同　　　　　　　　　D. 保管合同
6. 根据印花税相关法律制度的规定,下列印花税应税凭证中,属于"产权转移书据"的有(　　)。
   A. 土地使用权出让合同　　　　B. 土地使用权转让合同
   C. 专有技术使用权转让合同　　D. 房屋产权证

三、判断题

1. 凡是由两方或两方以上当事人共同书立的应税凭证,其当事人各方都是印花税的纳税人,应各自就其所持凭证的计税金额全额完税。(　　)
2. 已缴纳印花税的凭证的副本或抄本免税。(　　)
3. 立合同人是指合同的当事人,即指对凭证有直接权利义务关系的单位和个人,但不包括合同的担保人、证人、鉴定人。(　　)
4. 同一应税凭证载有两项经济事项的,并分别记载金额,可按两项金额合计和最低的适用税率计税贴花。(　　)

第十二章 税收征收管理

【知识点1】 税收征收管理概述与税务管理

一、单项选择题

1. 下列税费的征收管理,适用《中华人民共和国税收征收管理法》的是( )。
   A. 企业所得税
   B. 教育费附加
   C. 海关代征增值税
   D. 海关代征消费税

2. 纳税人已在市场监督管理局办理变更登记的,应当自市场监督管理局变更登记之日起( )日内,向原税务登记机关如实提交证件、资料,申报办理变更税务登记。
   A. 10   B. 15   C. 20   D. 30

3. 根据税收征收管理相关法律制度规定,从事生产、经营的纳税人应当自领取营业执照或者发生纳税义务之日起( )日内,按照国家规定设置账簿。
   A. 15   B. 30   C. 60   D. 90

4. 扣缴义务人应当自法律规定的扣缴义务发生之日起( )日内,按照所代扣、代收的税种,分别设置代扣代缴、代收代缴税款账簿。
   A. 10   B. 15   C. 20   D. 30

5. 根据税收征收管理相关法律制度的规定,除另有规定外,从事生产、经营的纳税人的账簿、记账凭证、报表、完税凭证、发票、出口凭证以及其他有关涉税资料应当保存一定期限,该期限为( )年。
   A. 30   B. 10   C. 15   D. 20

6. 根据税收征收管理相关法律制度的规定,下列关于发票开具和保管的表述中,正确的是( )。
   A. 销售货物开具发票时,可按付款方要求变更品名和金额
   B. 经单位财务负责人批准后,可拆本使用发票
   C. 已经开具的发票存根联保存期满后,开具发票的单位可直接销毁
   D. 收购单位向个人支付收购款项时,由付款方向收款方开具发票

7. 下列关于纳税申报方式的表述中,不正确的是( )。
   A. 邮寄申报以税务机关收到的日期为实际申报日期
   B. 以数据电文方式纳税的申报日期以税务机关计算机网络系统收到该数据电文的时间为实际申报日期
   C. 实行定期定额缴纳税款的纳税人可以简易申报、简并征期等方式申报纳税
   D. 自行申报,是指纳税人、扣缴义务人在规定的期限内自行直接到主管税务机关办理纳税申报手续

二、多项选择题

1. 下列有关《税收征收管理法》的意义表述中,正确的有（　　）。
   A. 有利于加强税收征收管理
   B. 有利于规范税收征收和缴纳行为
   C. 有利于保护纳税人的合法权益
   D. 有利于保障国家税收收入

2. 《税收征收管理法》的遵守主体有（　　）。
   A. 国家税务局
   B. 纳税人
   C. 扣缴义务人
   D. 地方各级人民政府

3. 根据《税收征收管理法》和《税务登记管理办法》的有关规定,下列各项中,应当进行税务登记的有（　　）。
   A. 从事生产、经营的事业单位
   B. 企业在境内其他城市设立的分支机构
   C. 从事生产、经营的单位或组织
   D. 无固定生产、经营场所的流动性农村小商贩

4. "五证合一""一照一码"包含的内容有（　　）。
   A. 工商营业执照
   B. 组织机构代码证
   C. 税务登记证
   D. 社会保险登记证

5. 根据税收征收管理相关法律制度的规定,下列各项财务资料中,除另有规定外,至少应保存10年的有（　　）。
   A. 账簿
   B. 发票的存根联
   C. 完税凭证
   D. 发票的登记簿

6. 根据税收征收管理相关法律制度的规定,下列各项中,属于纳税申报方式的有（　　）。
   A. 直接申报
   B. 邮寄申报
   C. 数据电文
   D. 其他方式

三、判断题

1. 《税收征收管理法》适用于由税务机关和海关征收的各种税收的征收管理。（　　）
2. 纳税人按照规定不需要在市场监督管理局办理变更登记,应当自税务登记内容实际发生变化之日起15日内,持有关证件到原税务登记机关申报办理变更税务登记。（　　）
3. 实行定期定额征收方式的个体工商户需要停业的,应当在停业前向税务机关申报办理停业登记。纳税人的停业期限不得超过两年。（　　）
4. 《税收征收管理法》适用于我国所有税种的征收。（　　）
5. 纳税人均可选择采用自行申报、邮寄申报、数据电文申报或简易申报、简并征期等方式申报纳税。（　　）
6. 甲企业按照国家规定享受3年免缴企业所得税的优惠待遇,甲企业在这3年内不需办理企业所得税的纳税申报。（　　）
7. 纳税人在纳税期内没有应纳税款的,不需办理纳税申报。（　　）

【知识点2】 税款征收与税务检查、税收法律责任

一、单项选择题

1. 针对纳税人的不同情况,税务机关可以采取不同的税款征收方式。对于账册不健全,但能控制原材料、产量或进销货物的单位,适用的税款征收方式是(   )。
   A. 查账征收   B. 查定征收
   C. 查验征收   D. 定期定额征收

2. 根据税收征收管理相关法律制度的规定,下列税款征收方式中,适用于纳税人财务制度不健全,生产经营不固定,零星分散、流动性大的税源的征收方式是(   )。
   A. 查定征收   B. 定期定额征收   C. 查账征收   D. 查验征收

3. 某酒店202×年12月份取得餐饮收入5万元,客房出租收入10万元,该酒店未在规定期限内进行纳税申报,经税务机关责令限期申报,逾期仍未申报。根据税收征收管理相关法律制度的规定,税务机关有权对该酒店采取的措施是(   )。
   A. 采取税收保全措施   B. 责令提供纳税担保
   C. 税务人员到酒店直接征收税款   D. 核定其应纳税额

4. 纳税人未按照规定期限缴纳税款的,税务机关可责令限期缴纳,并从滞纳之日起,按日加收滞纳税款一定比例的滞纳金,该比例为(   )。
   A. 0.1‰   B. 0.3‰   C. 0.5‰   D. 0.7‰

5. 下列各项中,不属于纳税担保方式的是(   )。
   A. 保证   B. 扣押   C. 质押   D. 抵押

6. 下列各项中,需要提供纳税担保的是(   )。
   A. 纳税人按照规定应设置账簿而未设置
   B. 纳税人同税务机关在纳税上发生争议而未缴清税款,需要申请行政复议的
   C. 纳税人对税务机关作出逾期不缴纳罚款加处罚款的决定不服,需要申请行政复议的
   D. 纳税人开具与实际经营业务情况不符的发票

7. 根据税收征收管理相关法律制度的规定,下列各项中,属于税收保全措施的是(   )。
   A. 责成纳税人提供担保
   B. 书面通知纳税人开户银行从其存款中扣缴税款
   C. 拍卖纳税人价值相当于应纳税款的货物,以拍卖所得抵缴税款
   D. 查封纳税人价值相当于应纳税款的货物

8. 根据税收征收管理相关法律制度的规定,下列各项中,不适用税收保全的财产是(   )。
   A. 纳税人的古董   B. 纳税人的别墅
   C. 纳税人的豪华小汽车   D. 纳税人的家庭唯一普通住房

9. 税务机关依法采取强制执行措施时,对个人及其所扶养家属维持生活必需的住房和用品,不在强制执行措施的范围之内,对单价在一定金额以下的其他生活用品,不采取强

制执行措施,该金额是( )元。

A. 5 000　　　　B. 10 000　　　　C. 15 000　　　　D. 20 000

10. 税务机关采取税收保全措施的期限,一般最长不得超过( )。

A. 3 个月　　　　B. 6 个月　　　　C. 1 年　　　　D. 3 年

11. 纳税人有骗税行为,由税务机关追缴其骗取的退税款,并处骗取税款一定倍数的罚款,该倍数为( )。

A. 5 倍以上 10 倍以下　　　　B. 1 倍以上 5 倍以下
C. 10 倍　　　　D. 10 倍以上 15 倍以下

二、多项选择题

1. 根据税收征收管理相关法律制度的规定,下列情形中,税务机关有权核定纳税人应纳税额的有( )。

A. 纳税人依照法律、行政法规的规定,应当设置但未设置账簿的
B. 纳税人申报的计税依据明显偏低,又无正当理由的
C. 纳税人拒不提供纳税资料的
D. 纳税人擅自销毁账簿的

2. 下列关于税务机关核定应纳税额的方法中,不正确的有( )。

A. 参照当地同类行业中,经营规模和收入水平相近的纳税人的税负水平核定
B. 按照营业收入核定
C. 按照成本加合理的费用的方法核定
D. 税务机关可以同时采用上述三种方法核定

3. 下列情形中,税务机关有权核定纳税人应纳税额的有( )。

A. 有抗税、骗税前科的
B. 拒不提供纳税资料的
C. 按规定应设置账簿而未设置的
D. 虽设置账簿,但账目混乱、难以查账的

4. 根据税收征收管理相关法律制度的规定,下列各项中,属于税务机关税务检查职责范围的有( )。

A. 责成纳税人提供与纳税有关的资料
B. 可按规定的批准权限采取税收保全措施
C. 询问纳税人与纳税有关的问题和情况
D. 检查纳税的账簿、记账凭证和报表

5. 根据税收征收管理相关法律制度规定,下列各项中,属于税务机关派出人员在税务检查中应履行的职责有( )。

A. 出示税务检查通知书　　　　B. 出示税务机关组织机构代码证
C. 为被检查人保守秘密　　　　D. 出示税务检查证

6. 纳税人的下列行为中,属于偷税的有( )。

A. 采取转移或隐匿财产的手段,妨碍税务机关追缴欠缴税款

B. 账簿上多列支出

C. 进行虚假纳税申报,少缴应纳税款

D. 按照规定应设置账簿而未设置的

7. 纳税人有下列( )行为的,由税务机关责令限期改正,可以处 2 000 元以下的罚款;情节严重的,处 2 000 元以上 1 万元以下的罚款。

A. 未按照规定将其全部银行账号向税务机关报告的

B. 未按照规定设置、保管账簿或者保管记账凭证和有关资料的

C. 未按照规定的期限申报办理税务登记、变更或者注销登记的

D. 未按照规定安装、使用税控装置,或者损毁或者擅自改动税控装置的

三、判断题

1. 纳税人欠缴应纳税款,由税务机关追缴欠缴的税款、滞纳金,并处欠缴税款 50% 以上 5 倍以下的罚款。 ( )

2. 纳税人、扣缴义务人编造虚假计税依据的,由税务机关责令限期改正,并处 10 万元以下的罚款。 ( )

3. 税务人员滥用职权,故意刁难纳税人、扣缴义务人的,调离税收工作岗位,并依法给予行政处分。 ( )

4. 税务人员私分扣押、查封的商品、货物或者其他财产,情节严重构成犯罪的,依法追究刑事责任。 ( )

第二部分 综合测试卷

综合测试卷(一)

一、**单项选择题**(本题型共 25 小题,每小题 2 分,共 50 分。每小题只有一个正确答案,请从每小题的备选答案中选出一个你认为正确的答案。)

1. 出租车公司向使用本公司自有出租车的司机收取管理费用,应缴纳增值税。该业务属于增值税征税范围中的( )。
   A. 交通运输服务　　　　　　　　B. 居民日常服务
   C. 物流辅助服务　　　　　　　　D. 商务辅助服务

2. 下列应税消费品中,除了在生产销售环节征收消费税外,还应在批发环节征收消费税的是( )。
   A. 高档手表　　B. 高档化妆品　　C. 卷烟　　D. 超豪华小汽车

3. 某贸易公司202×年6月从国外进口一批高档化妆品,经海关审定的货物关税完税价格为30万元。当月将该批高档化妆品销售取得不含税收入55万元。该批高档化妆品关税税率为10%、消费税税率为15%。下列计算该贸易公司上述业务当月应纳消费税的算式中,正确的是( )。
   A. $55 \times 15\% - 30 \times (1+10\%) \div (1-15\%) \times 15\% = 2.43$(万元)
   B. $55 \times 15\% = 8.25$(万元)
   C. $30 \times (1+10\%) \times 15\% = 4.95$(万元)
   D. $30 \times (1+10\%) \div (1-15\%) \times 15\% = 5.82$(万元)

4. 甲化妆品公司为增值税一般纳税人,202×年12月将新研制的一批高档化妆品发给员工作为福利,该批高档化妆品的生产成本为30 000元,无同类高档化妆品销售价格。已知高档化妆品消费税税率为15%,成本利润率为5%。下列计算甲化妆品公司当月该笔业务应纳消费税税额的算式中,正确的是( )。
   A. $30\ 000 \times (1+5\%) \times 15\% = 4\ 725$(元)
   B. $30\ 000 \times (1+5\%) \times (1-15\%) \times 15\% = 4\ 016.25$(元)
   C. $30\ 000 \times (1+5\%) \div (1-15\%) \times 15\% = 5\ 558.82$(元)
   D. $30\ 000 \times (1+5\%) \div (1+15\%) \times 15\% = 4\ 108.70$(元)

5. 下列关于所得来源地确定方法的表述中,不符合《企业所得税法》规定的是( )。
   A. 提供劳务所得按照劳务发生地确定
   B. 特许权使用费所得按照收取特许权使用费所得的企业所在地确定
   C. 股息所得按照分配股息的企业所在地确定
   D. 动产转让所得按照转让动产的企业所在地确定

6. 企业发生的下列支出中,在计算企业所得税应纳税所得额时允许扣除的是( )。
   A. 企业之间发生的管理费支出
   B. 企业筹建期间发生的广告费支出
   C. 企业内营业机构之间发生的特许权使用费支出
   D. 企业内营业机构之间发生的租金支出

7. 企业从事下列项目取得的所得中,减半征收企业所得税的是( )。
   A. 饲养家禽   B. 远洋捕捞   C. 海水养殖   D. 种植中药材

8. 上市公司支付给相关人员的下列支出中,应按综合所得中的"工资、薪金所得"项目预扣预缴个人所得税的是( )。
   A. 支付给本公司新招聘员工李某的入职培训课程补贴
   B. 向独立董事支付的董事费
   C. 向职工支付的托儿补助费
   D. 年会中向非本单位员工赠送的礼品

9. 国内某大学教授取得的下列所得中,免予征收个人所得税的是( )。
   A. 因兼任另一高校兼职教授,取得的兼职课酬
   B. 按国家规定领取原提存的住房公积金
   C. 拥有持有期不足1年的,某上市公司股票在当年取得的股息
   D. 被大学评为校级优秀教师获得的奖励

10. 企业缴纳的下列税额中,应作为城市维护建设税计税依据的是( )。
    A. 进口环节的消费税税额   B. 资源税税额
    C. 契税税额   D. 增值税税额

11. 下列房产转让的情形中,产权承受方免予缴纳契税的是( )。
    A. 将房产赠与非法定继承人
    B. 婚姻关系存续期间,夫妻之间变更房屋所有权
    C. 以获奖方式承受土地、房屋权属
    D. 以实物交换房屋承受的房屋权属

12. 下列关于车辆购置税计税依据的说法中,正确的是( )。
    A. 购车时支付的增值税应计入计税依据
    B. 购车时支付的已取得公安交通管理部门票据的临时牌照费应计入计税依据
    C. 自产自用应税车辆的计税依据为纳税人生产的同类车辆的销售价格
    D. 进口自用车辆的计税依据为关税完税价格

13. 根据印花税相关法律制度的规定,下列各项中,属于技术合同的是( )。
    A. 会计咨询合同   B. 法律咨询合同
    C. 专利实施许可   D. 专利申请转让

14. 根据印花税相关法律制度的规定,下列合同中,应征收印花税的是( )。
    A. 企业与主管部门签订的租赁承包合同
    B. 发电厂与电网订立的购售电合同
    C. 代理单位与委托单位签订的委托代理合同
    D. 律师事务所与企业签订的法律咨询合同

15. 根据车船税相关法律制度的规定,下列车船中,以"整备质量吨位数"为计税依据的是( )。
    A. 游艇   B. 商用客车   C. 机动船舶   D. 挂车

16. 根据资源税相关法律制度的规定,下列关于资源税税收优惠的表述中,正确的是( )。
    A. 煤炭开采企业因安全生产,需要抽采的煤层气免征资源税
    B. 从衰竭期矿山开采的矿产品免征资源税
    C. 运输原油过程中用于加热的原油免征资源税
    D. 进口的原油免征资源税

17. 202×年8月甲房地产企业销售自行开发的一处写字楼,取得不含增值税收入1.5亿元,准予从房地产转让收入中减除的扣除项目金额为8 000万元。已知土地增值税适用税率为40%,速算扣除系数为5%,下列计算甲房地产企业该笔业务应缴纳土地增值税税额的算式中,正确的是( )。
    A. (15 000−8 000)×40%−8 000×5%=2 400(万元)
    B. 15 000×40%=6 000(万元)
    C. 15 000×40%−8 000×5%=5 600(万元)
    D. (15 000−8 000)×40%+8 000×5%=3 200(万元)

18. 根据房产税相关法律制度的规定,下列房屋中,不属于房产税免税项目的是( )。
    A. 国家机关自用的房产   B. 个人出租的住房
    C. 高校学生公寓   D. 养老院自用的房产

19. 根据企业所得税相关法律制度的规定,下列固定资产计提的折旧允许在计算应纳税所得额时扣除的是( )。
    A. 闲置厂房计提的折旧   B. 经营租入机器设备计提的折旧
    C. 与经营活动无关的固定资产计提的折旧   D. 已提足折旧但继续使用的生产设备

20. 根据增值税相关法律制度的规定,下列各项中,应按照"现代服务"税目计缴增值税的是( )。
    A. 企业管理服务   B. 融资性售后回租
    C. 市容市政管理   D. 文化体育服务

21. 土地使用权未确定或权属纠纷未解决的,由(　　)缴纳城镇土地使用税。
    A. 共有人　　　　B. 实际使用人　　　　C. 临时代管人　　　　D. 申诉方

22. 下列各项中,不属于土地增值税纳税人的是(　　)。
    A. 以房抵债的某工业企业
    B. 出租写字楼的某外资房地产开发公司
    C. 转让住房的某个人
    D. 转让国有土地使用权的某高等学校

23. 船舶吨税以(　　)为计税依据。
    A. 船舶净吨位　　　　　　　　　　　　B. 船舶数量
    C. 船舶价格　　　　　　　　　　　　　D. 船舶价值

24. 根据耕地占用税法律制度的规定,下列情形中,不缴纳耕地占用税的是(　　)。
    A. 占用市区工厂土地建设商品房　　　　B. 占用市郊菜地建设公路
    C. 占用牧草地建设厂房　　　　　　　　D. 占用果园建设旅游度假村

25. 下列各项中,不征收环境保护税的是(　　)。
    A. 光源污染　　　　B. 噪声污染　　　　C. 水污染　　　　D. 大气污染

二、多项选择题(本题型共10小题,每小题2分,共20分。每小题均有多个正确答案,请从每小题的备选答案中选出你认为正确的答案。每小题所有答案选择正确的得分,不答、错答、漏答均不得分。)

1. 根据增值税相关法律制度的规定,下列行为中,属于视同销售服务或无形资产的有(　　)。
   A. 单位向客户无偿转让专利技术使用权
   B. 单位向客户无偿提供运输服务
   C. 单位向本单位员工无偿提供搬家服务
   D. 单位向本单位员工无偿提供房屋装饰服务

2. 下列关于增值税小规模纳税人使用发票的说法中,正确的有(　　)。
   A. 可开具增值税普通发票
   B. 不可使用增值税专用发票
   C. 选择自行开具增值税专用发票的小规模纳税人,也可以到税务机关申请代开增值税专用发票
   D. 小规模纳税人(其他个人除外)发生增值税应税行为,可以自行使用增值税发票管理系统开具发票

3. 下列各项关于从量计征消费税计税依据确定方法的表述中,正确的有(　　)。
   A. 销售应税消费品的,为应税消费品的销售数量
   B. 进口应税消费品的,为海关核定的应税消费品数量
   C. 以应税消费品投资入股的,为应税消费品移送使用数量
   D. 委托加工应税消费品的,为加工完成的应税消费品数量

4. 根据增值税相关法律制度的规定,下列各项中,属于增值税免税项目的有( )。
   A. 外国政府无偿援助的进口物资
   B. 由残疾人的组织直接进口供残疾人专用的物品
   C. 直接用于教学的进口仪器
   D. 超市销售的农产品

5. 下列支出中,可作为长期待摊费用核算的有( )。
   A. 固定资产的大修理支出
   B. 租入固定资产的改建支出
   C. 已足额提取折旧的固定资产的改建支出
   D. 接受捐赠固定资产的改建支出

6. 根据消费税相关法律制度的规定,下列各项中,属于消费税纳税人的有( )。
   A. 木制一次性筷子批发商
   B. 高档手表进口商
   C. 实木地板生产商
   D. 金银首饰零售商

7. 企业生产或开采的下列资源产品中,应当征收资源税的有( )。
   A. 低丰度油气田开采的天然气
   B. 深水油气田开采的天然气
   C. 人造石油
   D. 天然沥青

8. 根据个人所得税相关法律制度的规定,下列各项中,不征收个人所得税的有( )。
   A. 午餐补贴
   B. 托儿补助费
   C. 差旅费津贴
   D. 独生子女补贴

9. 根据税收征收管理相关法律制度的规定,下列各项中,属于纳税担保方式的有( )。
   A. 抵押
   B. 留置
   C. 质押
   D. 扣押

10. 根据契税相关法律制度的规定,下列行为中,属于契税征税范围的有( )。
    A. 房屋出租
    B. 房屋赠与
    C. 房屋抵押
    D. 房屋互换

三、判断题(本题型共10小题,每小题1分,共10分。每小题答题正确的得1分,错答、不答均不得分,也不扣分。)

1. 根据企业所得税相关法律制度的规定,企业将资产从总机构转移至境内的分支机构,应当视同销售确定企业所得税应税收入。( )
2. 节能汽车可以免征车船税。( )
3. 商品房销售合同应按照购销合同缴纳印花税。( )
4. 纳税担保的范围,包括税款、滞纳金、罚款,以及实现税款、滞纳金和罚款的费用。( )
5. 实行查账征收的纳税人,可以实行简易申报、简并征期等申报纳税方式。( )
6. 个人独资企业不属于企业所得税纳税人,不缴纳企业所得税。( )
7. 纳税人购置新建商品房,自房屋交付使用当月起,缴纳城镇土地使用税。( )
8. 税务机关派出人员进行税务检查,如果未出示税务检查证和税务检查通知书的,被检查人有权拒绝。( )
9. 根据《海关法》规定,关税的减免税均由国务院决定。( )
10. 吨税由税务局负责征收。( )

四、业务题（本类题共 2 小题，每小题 10 分，共 20 分）。

1. 鸿达文化创意公司为增值税一般纳税人，202×年 10 月，该公司的经营业务如下：
   (1) 向境内客户提供广告创意服务，取得不含增值税价款 2 000 万元，采用分期收款结算方式，按照书面合同的约定，客户当月应付 60% 价款，款项未收到，尚未开具发票。
   (2) 购买办公楼一栋，取得增值税专用发票，其上注明金额 1 000 万元，税额 90 万元。该办公楼的 1/4 用于集体福利项目，其余 3/4 作为企业管理部门办公自用。
   (3) 取得银行贷款 200 万元，同时支付与该笔贷款直接相关的融资手续费 1 万元，并取得增值税专用发票，支付客户娱乐费 5 万元和餐饮费 2 万元。
   (4) 进口小汽车一辆，公司自用，小汽车的关税完税价格为 44 万元，取得海关进口增值税专用缴款书。

   已知：生活服务、现代服务（租赁服务除外）的增值税税率为 6%。进口小汽车关税税率为 15%，消费税税率为 12%，增值税适用税率为 13%。上述业务均已取得相关票据且均已申报抵扣。不考虑增值税进项税额加计抵减政策。

   要求：(1) 计算鸿达文化创意公司提供广告创意服务应缴纳的销项税额。
   (2) 计算鸿达文化创意公司进口小汽车应缴纳的增值税和消费税。
   (3) 计算鸿达文化创意公司 10 月份准予从销项税额中抵扣的进项税额。
   (4) 计算鸿达文化创意公司 10 月份应缴纳的增值税。

2. 甲环保企业为增值税一般纳税人。其 202×年度的生产经营情况如下：
   (1) 主营业务收入共计 8 000 万元，其他业务收入科目中，核算出租房产和设备取得的租金收入 4 000 万元，当年会计利润总额为 800 万元。
   (2) 管理费用 1 100 万元，其中：业务招待费 120 万元，为从事一线污染防治的特殊工种职工支付的人身安全保险费 10 万元，为企业高管和职工购买的商业重疾保险费支出 60 万元。

(3) 销售费用1 500万元，其中：广告费用1 300万元（其中50万元未取得合法票据），赞助支出200万元。
(4) 财务费用400万元，全部为甲企业当年1月1日向乙企业借款4 000万元发生的利息支出（已知，金融机构同期同类贷款的年利率为5%）。
(5) 营业外支出科目共列支200万元，其中：环保事故纠纷民事赔偿金10万元，被当地环保部门罚款3万元。通过省级人民政府的环保部门，捐款100万元给符合条件的环保公益事业，取得了相关捐赠票据，直接捐赠给某希望小学50万元。

要求：计算甲环保企业202×年度应缴纳的企业所得税。

综合测试卷(二)

一、单项选择题(本题型共25小题,每小题2分,共50分。每小题只有一个正确答案,请从每小题的备选答案中选出一个你认为正确的答案。)

1. 下列税种中,采用超率累进税率的是( )。
 A. 土地增值税　　　　　　　　B. 印花税
 C. 个人所得税　　　　　　　　D. 城镇土地使用税

2. 根据消费税相关法律制度的规定,下列应税消费品中,在零售环节征收消费税的是( )。
 A. 金银首饰　　B. 实木地板　　C. 高档手表　　D. 卷烟

3. 根据企业所得税相关法律制度的规定,下列各项中,属于企业所得税纳税人的是( )。
 A. 个人独资企业　　　　　　　B. 合伙企业
 C. 个体工商户　　　　　　　　D. 股份有限公司

4. 202×年4月,某公司员工王某坐飞机到乌鲁木齐出差,取得注明个人身份信息的航空运输电子客票行程单,行程单上注明票价3 600元,燃油附加费80元,机场建设费20元。已知,该公司为增值税一般纳税人,航空旅客运输服务按照9%计算进项税额。下列计算该公司当月购进国内旅客运输服务允许抵扣的进项税额的算式中,正确的是( )。
 A. 3 600÷(1+9%)×9%=297.25(元)
 B. (3 600+80+20)÷(1+9%)×9%=305.50(元)
 C. (3 600+80)÷(1+9%)×9%=303.85(元)
 D. (3 600+20)÷(1+9%)×9%=298.90(元)

5. 某企业为增值税小规模纳税人,202×年10月进口一批高档化妆品,海关审定的关税完税价格为40万元。已知高档化妆品关税税率为20%,消费税税率为15%。下列计算该企业进口高档化妆品应缴纳增值税税额的算式中,正确的是( )。
 A. 40×(1+20%)÷(1+15%)×3%=1.25(万元)
 B. 40×(1+20%)÷(1+15%)×13%=5.43(万元)
 C. 40×(1+20%)÷(1-15%)×3%=1.69(万元)
 D. 40×(1+20%)÷(1-15%)×13%=7.34(万元)

6. 根据企业所得税相关法律制度的规定,下列关于所得来源地确定原则的表述中,不正确的是( )。
 A. 提供劳务所得,按照劳务发生地确定
 B. 特许权使用费所得,按照负担、支付所得的企业或者机构、场所所在地确定

C. 动产转让所得,按照转让动产的企业或者机构、场所所在地确定

D. 销售货物所得,按照货物所在地确定

7. 根据个人所得税相关法律制度的规定,个人取得的下列收入中,不按"劳务报酬所得"项目征收个人所得税的是( )。

   A. 某大学教授从甲企业取得的咨询费

   B. 某公司高管从乙大学取得的讲课费

   C. 某设计院设计师从丙服装公司取得的设计费

   D. 某编剧从丁电视剧制作单位取得的剧本使用费

8. 根据个人所得税相关法律制度的规定,下列关于专项附加扣除的表述中,正确的是( )。

   A. 子女抚养按照每个子女每月1 000元的标准定额扣除

   B. 首套住房贷款利息支出,在实际发生贷款利息的年度,按照每月1 000元的标准定额扣除,扣除期限最长不超过360个月。

   C. 纳税人在一个纳税年度内,可以同时享受住房贷款利息和住房租金专项附加扣除

   D. 夫妻双方主要工作城市相同的,只能由一方扣除住房租金支出

9. 根据契税相关法律制度的规定,下列各项中,属于契税纳税人的是( )。

   A. 典当商铺的赵某   B. 赠与房屋的李某

   C. 出租住房的周某   D. 房屋互换多交付货币的陈某

10. 根据城镇土地使用税相关法律制度的规定,下列城市用地中,不属于免税项目的是( )。

    A. 公园自用土地   B. 广场公共用地

    C. 军队出租用地   D. 机场飞行区用地

11. 根据车船税相关法律制度的规定,下列各项中,不属于车船税征税范围的是( )。

    A. 挂车   B. 货车   C. 专用作业车   D. 拖拉机

12. 根据环境保护税相关法律制度的规定,下列各项中,不属于环境保护税征税范围的是( )。

    A. 大气污染物   B. 光污染物   C. 噪声   D. 水污染物

13. 根据税收征收管理相关法律制度的规定,税务机关采取的下列措施中,属于税收保全措施的是( )。

    A. 依法拍卖其价值相当于应纳税款的商品,以拍卖所得抵缴税款

    B. 依法变卖其价值相当于应纳税款的商品,以变卖所得抵缴税款

    C. 书面通知纳税人开户银行从其存款中扣缴税款

    D. 书面通知纳税人开户银行冻结纳税人的金额相当于应纳税款的存款

14. 根据房产税相关法律制度的规定,下列房屋中,不属于房产税免税项目的是( )。

    A. 公园管理部门自用的办公用房   B. 居民个人出租的市区住房

    C. 国家机关自用的房产   D. 军队自用的房产

15. 甲公司为增值税一般纳税人,202×年9月向税务机关实际缴纳增值税26万元,消费税75万元。城市维护建设税70 700元。已知,教育费附加征收比率为3%。下列计算甲公司当月应缴纳教育费附加的算式中,正确的是(　　)。
    A. (750 000+70 700)×3%=24 621(元)
    B. (260 000+70 700)×3%=9 921(元)
    C. (260 000+750 000)×3%=30 300(元)
    D. (260 000+750 000+70 700)×3%=32 421(元)

16. 甲公司202×年8月进口自用小汽车一辆,海关审定关税完税价格为120万元,缴纳关税30万元、消费税50万元。已知,车辆购置税税率为10%。下列计算甲公司进口自用该小汽车应缴纳车辆购置税税额的算式中,正确的是(　　)。
    A. (120+30)×10%=15(万元)   B. (120+50)×10%=17(万元)
    C. 120×10%=12(万元)   D. (120+30+50)×10%=20(万元)

17. 根据《印花税法》的规定,下列各项中,不属于印花税税目的是(　　)。
    A. 运输合同   B. 产权转移书据
    C. 借款合同   D. 非资金账簿

18. 根据个人所得税相关法律制度的规定,下列各项中,属于专项扣除的是(　　)。
    A. 个人购买符合国家规定的商业健康保险
    B. 个人缴付符合国家规定的企业年金
    C. 个人缴付符合国家规定的职业年金
    D. 个人缴付符合国家规定的基本养老保险

19. 根据个人所得税相关法律制度的规定,下列关于非居民个人每次收入确定的表述中,不正确的是(　　)。
    A. 劳务报酬所得,属于一次性收入的,以取得该项收入为一次
    B. 偶然所得,以每次取得该项收入为一次
    C. 利息、股息、红利所得,以支付利息、股息、红利时取得的收入为一次
    D. 财产租赁所得,以一个纳税年度内取得的收入为一次

20. 202×年8月甲公司以直接收款方式销售货物给乙公司,9日签订合同,13日开具发票,20日发出货物,28日收到货款。甲公司该笔业务的增值税纳税义务发生时间为(　　)。
    A. 8月13日   B. 8月20日   C. 8月9日   D. 8月28日

21. 根据印花税相关法律制度的规定,下列合同中,应征收印花税的是(　　)。
    A. 金融机构与小型微型企业订立的借款合同
    B. 农民销售自产农产品订立的买卖合同
    C. 发电厂与电网之间签订的购售电合同
    D. 代理单位与委托单位之间签订的委托代理合同

22. 根据城镇土地使用税相关法律制度的规定,下列土地中,免征城镇土地使用税的是

（　　）。
  A. 市区公园内附设照相馆使用的土地
  B. 县城水电站的发电厂房用地
  C. 市政街道的公共用地
  D. 盐场的生产厂房用地

23. 根据个人所得税相关法律制度的规定，下列各项中，应缴纳个人所得税的是（　　）。
  A. 公务员王某取得的国债利息
  B. 退役士兵张某取得的退役金
  C. 退休职工林某取得的按国家统一规定发放的基本养老金
  D. 教师李某获得的县人民政府为其颁发的优秀教师奖金

24. 根据增值税相关法律制度的规定，一般纳税人发生应税销售行为向购买方收取的下列款项中，不并入销售额计算销项税额的是（　　）。
  A. 返还利润　　　　　　　　　　B. 补贴
  C. 代收代缴的消费税　　　　　　D. 手续费

25. 202×年8月甲化妆品厂将一批自产的新型高档化妆品作为福利发放给员工，该批高档化妆品的生产成本为34 000元，无同类高档化妆品销售价格。已知高档化妆品消费税税率为15%，成本利润率为5%。下列计算甲化妆品厂当月该笔业务应缴纳消费税税额的算式中，正确的是（　　）。
  A. 34 000×(1+5%)÷(1−15%)×15%＝6 300(元)
  B. 34 000÷(1−15%)×15%＝6 000(元)
  C. 34 000×15%＝5 100(元)
  D. 34 000×(1+5%)×15%＝5 355(元)

二、多项选择题(本题型共10小题，每小题2分，共20分。每小题均有多个正确答案，请从每小题的备选答案中选出你认为正确的答案。每小题所有答案选择正确的得分，不答、错答、漏答均不得分。)

1. 根据增值税相关法律制度的规定，下列行为中，属于视同销售货物(服务)行为的有（　　）。
  A. 某企业将委托加工的洗衣机用于职工福利
  B. 某单位在感恩节当天随机挑选100名消费者无偿提供咨询服务
  C. 某企业将自产的一批服装委托商场代销
  D. 某企业将外购餐具用于职工食堂

2. 根据消费税相关法律制度的规定，下列应税消费品中，实行复合计征消费税的有（　　）。
  A. 黄酒　　　　B. 啤酒　　　　C. 粮食白酒　　　　D. 薯类白酒

3. 根据企业所得税相关法律制度的规定，下列关于无形资产税务处理的表述中，不正确的有（　　）。

A. 自创商誉可以计算摊销费用扣除

B. 无形资产的推销年限不得低于5年,最长不得长于10年

C. 自行开发的支出已在计算应纳税所得额时扣除的无形资产不得计算摊销费用扣除

D. 外购的无形资产,以购买的价款和不得抵扣的增值税为计税基础

4. 根据个人所得税相关法律制度的规定,下列各项所得中,属于个人所得税免税或暂免征税项目的有(   )。

A. 个人取得的县级人民政府发放的教育方面的奖金

B. 职工取得的离休生活补助费

C. 外籍个人以非现金形式取得的住房补贴

D. 个人购买福利彩票取得的9 000元中奖收入

5. 根据增值税相关法律制度的规定,下列一般纳税人发生的业务中,不得开具增值税专用发票的有(   )。

A. 酒店向消费者个人提供餐饮服务

B. 百货公司向消费者个人销售家用电器

C. 装修公司向一般纳税人提供装修服务

D. 律师事务所向消费者个人提供咨询服务

6. 根据消费税相关法律制度的规定,下列情形中,应当以纳税人同类应税消费品的最高销售价格作为计税依据计征消费税的有(   )。

A. 以自产应税消费品抵偿债务

B. 以自产应税消费品投资入股

C. 以自产应税消费品换取消费资料

D. 以自产应税消费品换取生产资料

7. 根据企业所得税相关法律制度的规定,下列各项中,在计算企业所得税应纳税所得额时准予扣除的有(   )。

A. 差旅费 B. 诉讼费用

C. 企业之间支付的管理费 D. 违约金

8. 根据个人所得税相关法律制度的规定,下列所得中,不论支付地点是否在中国境内,均为来源于中国境内所得的有(   )。

A. 将财产出租给承租人,在中国境内使用而取得的所得

B. 许可各种特许权,在中国境内使用而取得的所得

C. 转让中国境内的不动产取得的所得

D. 因在中国境内任职,提供劳务取得的所得

9. 根据税收征收管理相关法律制度的规定,下列各项中,不符合发票使用规定的有(   )。

A. 拆本使用发票 B. 扩大发票使用范围

C. 转借发票监制章 D. 以其他凭证代替发票使用

10. 根据个人所得税相关法律制度的规定,下列各项中,应按照"财产转让所得"项目计征个人所得税的有(   )。
   A. 个人转让债券取得的所得
   B. 个人转让住房取得的所得
   C. 个人将其收藏的已故作家文字作品手稿拍卖取得的所得
   D. 个人将自己的文字作品手稿拍卖取得的所得

三、判断题(本题型共10小题,每小题1分,共10分。每小题答题正确的得1分,错答、不答均不得分,也不扣分。)

1. 非居民企业之间的股息、红利等权益性投资收益免征企业所得税。   (   )
2. 学生勤工俭学提供的服务免征增值税。   (   )
3. 房屋出租不属于契税征税范围。   (   )
4. 根据国家指令,无偿提供用于公益事业的铁路运输服务,应征收增值税。   (   )
5. 产权未确定以及租典纠纷未解决的,暂不征收房产税。   (   )
6. 契税的纳税义务发生时间为纳税人签订土地、房屋权属转移合同的当天,或者纳税人取得其他具有土地、房屋权属转移合同性质凭证的当天。   (   )
7. 建设直接为农业生产服务的生产设施占用税法规定的农用地的,减半征收耕地占用税。   (   )
8. 轮式专用机械车,以整备质量每吨为车船税的计税依据。   (   )
9. 一般的法律、会计、审计等方面的咨询,不属于技术咨询,其所立合同不贴印花。   (   )
10. 纳税人开采或者生产资源税应税产品自用的,以"移送时的自用数量(包括生产自用和非生产自用)"为销售数量。   (   )

四、业务题(本类题共2小题,每小题10分,共20分)。

1. 甲公司为增值税一般纳税人,主要提供餐饮、住宿服务。202×年8月有关经营情况如下:
   (1) 提供餐饮、住宿服务取得含增值税收入1 431万元。
   (2) 出租餐饮设备取得含增值税收入28.25万元,出租房屋取得含增值税收入5.45万元。
   (3) 提供车辆停放服务取得含增值税收入10.9万元。
   (4) 发生贷款利息支出,合计10万元。
   (5) 支付技术咨询服务费,取得增值税专用发票,其上注明税额1.2万元。
   (6) 购进卫生用具一批,取得增值税专用发票,其上注明税额1.3万元。
   (7) 从农业合作社购进蔬菜,取得农产品销售发票,其上注明买价100万元。
   已知:有形动产租赁服务增值税税率为13%;不动产租赁服务增值税税率为9%;生活服务、现代服务(除有形动产租赁服务和不动产租赁服务外)增值税税率为6%;交通运输服务增值税税率为9%;农产品扣除率为9%。
   要求:(1) 计算甲公司8月份增值税销项税额。

（2）计算甲公司 8 月份可抵扣的进项税额。

（3）计算甲公司 8 月份应缴纳的增值税税额。

2. 甲公司为居民企业，登记注册地在 W 市，企业所得税按季预缴。主要从事建筑材料生产和销售业务。202×年有关经营情况如下：

（1）建筑材料销售收入 5 000 万元，生产设备出租收入 60 万元，国债利息收入 1.5 万元，存款利息收入 0.8 万元，存货盘盈 0.2 万元。

（2）发生的合理的劳动保护费支出 2 万元，因生产经营需要，向金融企业的借款利息支出 3 万元，直接向某大学捐赠 1 万元，缴纳诉讼费用 1.7 万元。

（3）购置符合规定的安全生产专用设备一台，该设备投资额 600 万元，当年即投入使用。

（4）全年利润总额为 2 800 万元。

已知：企业所得税税率为 25%。符合规定的安全生产专用设备的投资额的 10% 可以从企业当年的应纳税额中抵免。

要求：计算甲公司 202× 年应缴纳的企业所得税。

参考答案二维码

章节练习答案

综合测试卷答案